PRÉFACE

La collection de guides de conversation "Tout ira bien!", publié par T&P Books, est conçue pour les gens qui voyagent par affaire ou par plaisir. Les guides de conversations contiennent le plus important - l'essentiel pour la communication de base. Il s'agit d'une série indispensable de phrases pour survivre à l'étranger.

Ce guide de conversation vous aidera dans la plupart des cas où vous devez demander quelque chose, trouver une direction, découvrir le prix d'un souvenir, etc. Il peut aussi résoudre des situations de communication difficile lorsque la gesticulation n'aide pas.

Le livre contient beaucoup de phrases qui ont été groupées par thèmes. Vous trouverez aussi un vocabulaire des 3000 mots les plus couramment utilisés. Une autre section du guide contient un glossaire gastronomique qui peut être utile lorsque vous faites le marché ou commandez des plats au restaurant.

Emmenez avec vous un guide de conversation "Tout ira bien!" sur la route et vous aurez un compagnon de voyage irremplaçable qui vous aidera à vous sortir de toutes les situations et vous enseignera à ne pas avoir peur de parler aux étrangers.

TABLE DES MATIÈRES

T&P Books Publishing

T&P Books Publishing

GUIDE DE CONVERSATION PERSAN

Par Andrey Taranov

LES PHRASES LES PLUS UTILES

Ce guide de conversation contient les phrases et les questions les plus communes et nécessaires pour communiquer avec des étrangers

T&P BOOKS

Guide de conversation + dictionnaire de 3000 mots

Guide de conversation Français-Persan et vocabulaire thématique de 3000 mots

Par Andrey Taranov

La collection de guides de conversation "Tout ira bien!", publiée par T&P Books, est conçue pour les gens qui voyagent par affaire ou par plaisir. Les guides contiennent l'essentiel pour la communication de base. Il s'agit d'une série indispensable de phrases pour "survivre" à l'étranger.

Ce livre inclut un dictionnaire thématique qui contient près de 3000 des mots les plus fréquemment utilisés. Une autre section du guide contient un glossaire gastronomique qui peut être utile lorsque vous faites le marché ou commandez des plats au restaurant.

T&P Books Publishing
www.tpbooks.com

ISBN: 978-1-78716-947-0

Ce livre existe également en format électronique.
Pour plus d'informations, veuillez consulter notre site: www.tpbooks.com
ou rendez-vous sur ceux des grandes librairies en ligne.

PRONONCIATION

Alphabet phonétique T&P	Exemple en persan	Exemple en français
['] (ayn)	دعوا [da'vā]	consonne fricative pharyngale voisée
['] (hamza)	تایید [ta'id]	coup de glotte
[a]	رود [ravad]	classe
[ā]	آتش [ātaš]	camarade
[b]	بانک [bānk]	bureau
[č]	چند [čand]	match
[d]	هشتاد [haštād]	document
[e]	عشق [ešq]	équipe
[f]	فندک [fandak]	formule
[g]	لوگو [logo]	gris
[h]	گیاه [giyāh]	[h] aspiré
[i]	جزیره [jazire]	stylo
[j]	جشن [jašn]	adjoint
[k]	کاج [kāj]	bocal
[l]	لیمو [limu]	vélo
[m]	ماجرا [mājarā]	minéral
[n]	نروژ [norvež]	ananas
[o]	گلف [golf]	normal
[p]	اپرا [operā]	panama
[q]	لاغر [lāqar]	g espagnol - amigo, magnífico
[r]	رقم [raqam]	racine, rouge
[s]	سوپ [sup]	syndicat
[š]	دوش [duš]	chariot
[t]	ترجمه [tarjome]	tennis
[u]	نیرو [niru]	boulevard
[v]	ورشو [varšow]	rivière
[w]	روشن [rowšan]	iguane
[x]	کاخ [kāx]	scots - nicht, allemand - Dach
[y]	بیابان [biyābān]	maillot
[z]	زنجیر [zanjir]	gazeuse
[ž]	ژوئن [žuan]	jeunesse

LISTE DES ABRÉVIATIONS

Abréviations en français

adj	-	adjective
adv	-	adverbe
anim.	-	animé
conj	-	conjonction
dénombr.	-	dénombrable
etc.	-	et cetera
f	-	nom féminin
f pl	-	féminin pluriel
fam.	-	familiar
fem.	-	féminin
form.	-	formal
inanim.	-	inanimé
indénombr.	-	indénombrable
m	-	nom masculin
m pl	-	masculin pluriel
m, f	-	masculin, féminin
masc.	-	masculin
math	-	mathematics
mil.	-	militaire
pl	-	pluriel
prep	-	préposition
pron	-	pronom
qch	-	quelque chose
qn	-	quelqu'un
sing.	-	singulier
v aux	-	verbe auxiliaire
v imp	-	verbe impersonnel
vi	-	verbe intransitif
vi, vt	-	verbe intransitif, transitif
vp	-	verbe pronominal
vt	-	verbe transitif

GUIDE DE CONVERSATION PERSAN

Cette section contient
des phrases importantes
qui peuvent être utiles dans
des situations courantes.
Le guide vous aidera
à demander des directions,
clarifier le prix, acheter
des billets et commander
des plats au restaurant

T&P Books Publishing

CONTENU DU GUIDE DE CONVERSATION

T&P Books Publishing

Les essentiels

Excusez-moi, ...	bebaxšid, ... ببخشید،....
Bonjour	salām سلام.
Merci	mamnun ممنونم
Au revoir	xodāhāfez خداحافظ.
Oui	bale بله
Non	xeyr خیر
Je ne sais pas.	nemidānam نمی دانم.
Où?	Où?	Quand?	kojā?	kojā?	key? کی؟ ا کجا؟ ا کجا؟

J'ai besoin de ...	be ... ehtiyāj dāram به...أحتیاج دارم
Je veux ...	mixāham ... ...می خواهم
Avez-vous ... ?	āyā ... dārid? آیا...دارید؟
Est-ce qu'il y a ... ici?	āyā injā ... hast? آیا اینجا ...هست؟
Puis-je ... ?	mitavānam ...? می توانم...؟
s'il vous plaît (pour une demande)	lotfan لطفأ

Je cherche ...	donbāl-e ... migardam دنبال...می گردم.
les toilettes	tuālet توالت
un distributeur	xodpardāz خودپرداز
une pharmacie	dāruxāne داروخانه
l'hôpital	bimārestān بیمارستان
le commissariat de police	edāre-ye polis اداره پلیس
une station de métro	istgāh-e metro ایستگاه مترو

un taxi	tāksi
	تاکسی
la gare	istgāh-e qatār
	ایستگاه قطار

Je m'appelle …	esm-e man … ast
	اسم من...است.
Comment vous appelez-vous?	esm-e šomā čist?
	اسم شما چیست؟
Aidez-moi, s'il vous plaît.	lotfan mitavānid komakam konid?
	لطفاً می توانید کمکم کنید؟
J'ai un problème.	yek moškel dāram
	یک مشکل دارم.
Je ne me sens pas bien.	hālam xub nist
	حالم خوب نیست.
Appelez une ambulance!	āmbulāns xabar konid!
	آمبولانس خبر کنید!
Puis-je faire un appel?	mitavānam yek telefon bezanam?
	می توانم یک تلفن بزنم؟

Excusez-moi.	ma'zerat mixāham.
	معذرت می خواهم.
Je vous en prie.	xāheš mikonam
	خواهش می کنم.

je, moi	man
	من
tu, toi	to
	تو
il	u
	او
elle	u
	او
ils	an-hā
	آنها
elles	an-hā
	آنها
nous	mā
	ما
vous	šomā
	شما
Vous	šomā
	شما

ENTRÉE	vorudi
	ورودی
SORTIE	xoruji
	خروجی
HORS SERVICE	EN PANNE	xarāb
	خراب
FERMÉ	baste
	بسته

OUVERT	bāz
	باز
POUR LES FEMMES	zanāne
	زنانه
POUR LES HOMMES	mardāne
	مردانه

Questions

Où? (lieu)	kojā? کجا؟
Où? (direction)	kojā? کجا؟
D'où?	az kojā? از کجا؟
Pourquoi?	čerā? چرا؟
Pour quelle raison?	be če dalil? به چه دلیل؟
Quand?	key? کی؟
Combien de temps?	če modat? چه مدت؟
À quelle heure?	če sāati? چه ساعتی؟
C'est combien?	čand ast? چنداست؟
Avez-vous ... ?	āyā ... dārid? آیا...دارید؟
Où est ..., s'il vous plaît?	... kojāst? ...کجاست؟
Quelle heure est-il?	sāat čand ast? ساعت چند است؟
Puis-je faire un appel?	mitavānam yek telefon bezanam? می توانم یک تلفن بزنم؟
Qui est là?	kiye? کیه؟
Puis-je fumer ici?	mitavānam injā sigār bekešam? می توانم اینجا سیگار بکشم؟
Puis-je ...?	mitavānam ...? می توانم...؟

Besoins

Je voudrais …	mixāham … می خواهم...
Je ne veux pas …	nemixāham … نمی خواهم...
J'ai soif.	tešne hastam تشنه هستم.
Je veux dormir.	mixāham bexābam می خواهم بخوابم.

Je veux …	mixāham … می خواهم...
me laver	xod rā bešuyam خود را بشویم
brosser mes dents	dandānhāyam rā mesvāk bezanam دندان هایم را مسواک بزنم
me reposer un instant	kami esterāhat konam کمی استراحت کنم
changer de vêtements	lebashāyam rā avaz konam لباسهایم را عوض کنم

retourner à l'hôtel	be hotel bargaštan به هتل برگشتن
acheter …	… xaridan ...خریدن
aller à …	be … raftan به...رفتن
visiter …	az … bāzdid kardan از...بازدید کردن
rencontrer …	bā … molāqāt kardan با...ملاقات کردن
faire un appel	telefon zadan تلفن زدن

Je suis fatigué /fatiguée/	xaste-am خسته ام.
Nous sommes fatigués /fatiguées/	xaste-im خسته ایم.
J'ai froid.	sardam ast سردم است.
J'ai chaud.	garmam ast گرمم است.
Je suis bien.	xub hastam خوب هستم.

Il me faut faire un appel.

niyāz dāram telefon bezanam
نیازدارم تلفن بزنم.

J'ai besoin d'aller aux toilettes.

bayad be tuālet beravam
باید به توالت بروم.

Il faut que j'aille.

bāyad beravam
باید بروم.

Je dois partir maintenant.

bāyad alān beravam
باید الان بروم.

Comment demander la direction

Excusez-moi, ...	bebaxšid, ... ببخشید،...
Où est ..., s'il vous plaît?	... kojāst? ...کجاست؟
Dans quelle direction est ... ?	... az kodām taraf ast? ...از کدام طرف است؟
Pouvez-vous m'aider, s'il vous plaît ?	mitavānid lotfan komakam konid? می توانید لطفاً کمکم کنید؟

Je cherche ...	donbāl-e ... migardam دنبال...می گردم
La sortie, s'il vous plaît?	donbāl-e xoruji migardam دنبال خروجی می گردم.
Je vais à ...	be ... miravam به...می روم
C'est la bonne direction pour ...?	in rāh barāye raftan be ... dorost ast? این راه برای رفتن به...درست است؟

C'est loin?	dur ast? دور است؟
Est-ce que je peux y aller à pied?	mitavānam piyāde beravam? می توانم پیاده بروم؟
Pouvez-vous me le montrer sur la carte?	mitavānid ruye naqše nešānam bedahid? می توانید روی نقشه نشانم بدهید؟
Montrez-moi où sommes-nous, s'il vous plaît.	lotfan be man nešān bedahid alān kojā hastim لطفاً به من نشان بدهید الان کجا هستیم.

Ici	injā اینجا
Là-bas	ānjā آنجا
Par ici	az in rāh از این راه

Tournez à droite.	dast-e rast bepičid دست راست بپیچید.
Tournez à gauche.	dast-e čap bepičid دست چپ بپیچید.
Prenez la première (deuxième, troisième) rue.	be avvalin (dovvomin, sevvomin) xiyābān bepičid. به اولین(دومین، سومین)خیابان بپیچید.

à droite	dast-e rāst
	دست راست
à gauche	dast-e čap
	دست چپ
Continuez tout droit.	mostaqim beravid
	مستقیم بروید.

Affiches, Pancartes

BIENVENUE!	xoš āmadid
	خوش آمدید
ENTRÉE	vorudi
	ورودی
SORTIE	xoruji
	خروجی
POUSSEZ	fešār bedahid
	فشار بدهید
TIREZ	bekešid
	بکشید
OUVERT	bāz
	باز
FERMÉ	baste
	بسته
POUR LES FEMMES	zanāne
	زنانه
POUR LES HOMMES	mardāne
	مردانه
MESSIEURS (m)	āqāyān
	آقایان
FEMMES (f)	xānomha
	خانمها
RABAIS | SOLDES	taxfif
	تخفیف
PROMOTION	harāj
	حراج
GRATUIT	rāygān
	رایگان
NOUVEAU!	jadid
	جدید
ATTENTION!	movāzeb bāšid
	مواظب باشید
COMPLET	zarfiyat takmil
	ظرفیت تکمیل
RÉSERVÉ	rezerv šode
	رزرو شده
ADMINISTRATION	edāre
	اداره
PERSONNEL SEULEMENT	moxtas-e kārkonān
	مختص کارکنان

ATTENTION AU CHIEN!   movāzeb-e sag bāšid
مواظب سگ باشید

NE PAS FUMER!   sigār nakešid
سیگار نکشید

NE PAS TOUCHER!   dast nazanid
دست نزنید

DANGEREUX   xatarnāk
خطرناک

DANGER   xatar
خطر

HAUTE TENSION   voltāj-e bālā
ولتاژ بالا

BAIGNADE INTERDITE!   šenā mamnuʿ
شنا ممنوع

HORS SERVICE | EN PANNE   xarāb
خراب

INFLAMMABLE   qābel-e ešteāl
قابل اشتعال

INTERDIT   mamnuʿ
ممنوع

ENTRÉE INTERDITE!   vorud mamnuʿ
ورود ممنوع

PEINTURE FRAÎCHE   rang-e xis
رنگ خیس

FERMÉ POUR TRAVAUX   barāye taʿmirāt baste ast
برای تعمیرات بسته است

TRAVAUX EN COURS   dar dast-e taʿmir
در دست تعمیر

DÉVIATION   masir-e enherāfi
مسیرانحرافی

Transport - Phrases générales

avion	havāpeymā
	هواپیما
train	qatār
	قطار
bus, autobus	otobus
	اتوبوس
ferry	kašti
	کشتی
taxi	tāksi
	تاکسی
voiture	māšin
	ماشین
horaire	jadval-e sāāt
	جدول ساعات
Où puis-je voir l'horaire?	jadval-e sāāt rā kojā mtavānam bebinam?
	جدول ساعات را کجا می توانم ببینم؟
jours ouvrables	ruzhā-ye bāz
	روزهای باز
jours non ouvrables	ruzhā-ye baste
	روزهای بسته
jours fériés	ruzhā-ye ta'til
	روزهای تعطیل
DÉPART	harekat
	حرکت
ARRIVÉE	vorud
	ورود
RETARDÉE	bā ta'xir
	باتاخیر
ANNULÉE	kansel šode
	کنسل شده
prochain (train, etc.)	ba'di
	بعدی
premier	avvalin
	اولین
dernier	āxarin
	آخرین

À quelle heure est le prochain …?	… ba'di če sāati ast? ...بعدی چه ساعتی است؟
À quelle heure est le premier …?	avvalin … če sāati ast? اولین... چه ساعتی است؟
À quelle heure est le dernier …?	āxarin … če sāati ast? آخرین... چه ساعتی است؟

correspondance	terānsfer ترانسفر
prendre la correspondance	terānsfer gereftan ترانسفر گرفتن
Dois-je prendre la correspondance?	āyā bāyad terānsfer begiram? آیا باید ترانسفر بگیرم؟

Acheter un billet

Où puis-je acheter des billets?	kojā mitavānam bilit bexaram? کجامی توانم بلیط بخرم؟
billet	bilit بلیط
acheter un billet	ilit xaridan بلیط خریدن
le prix d'un billet	qeymat-e yek bilit قیمت یک بلیط
Pour aller où?	barāye kojā? برای کجا؟
Quelle destination?	če maqsadi? چه مقصدی؟
Je voudrais ...	be ... niyāz dāram به...نیازدارم
un billet	yek bilit یک بلیط
deux billets	do bilit دو بلیط
trois billets	se bilit سه بلیط
aller simple	raft رفت
aller-retour	rafo-o-bargašt رفت و برگشت
première classe	daraje yek درجه یک
classe économique	daraje do درجه دو
aujourd'hui	emruz امروز
demain	fardā فردا
après-demain	pas fardā پس فردا
dans la matinée	sobh صبح
l'après-midi	ba'd az zohr بعد از ظهر
dans la soirée	šab شب

siège côté couloir

sandali-ye taraf-e rāhro

صندلی طرف راهرو

siège côté fenêtre

sandali-ye taraf-e panjare

صندلی طرف پنجره

C'est combien?

čand ast?

چنداست؟

Puis-je payer avec la carte?

mitavānam bā kārt bepardāzam?

می توانم با کارت بپردازم؟

L'autobus

bus, autobus	otobus اتوبوس
autocar	otobus-e beyn-e šahri اتوبوس بین شهری
arrêt d'autobus	istgāh-e otobus ایستگاه اتوبوس
Où est l'arrêt d'autobus le plus proche?	nazdiktarin istgāh-e otobus kojāst? نزدیکترین ایستگاه اتوبوس کجاست؟
numéro	šomāre شماره (اتوبوس، غیره)
Quel bus dois-je prendre pour aller à …?	barāye raftan be … če otobusi rā bāyad begiram? برای رفتن به...چه اتوبوسی را باید بگیرم؟
Est-ce que ce bus va à …?	āyā in otobus be … miravad? آیا این اتوبوس به...می رود؟
L'autobus passe tous les combien?	otobus har čand vaqt yekbār rāh mioftad? اتوبوس هر چند وقت یکبار راه می افتد؟
chaque quart d'heure	har pānzdah daqiqe yekbār هر 15 دقیقه یکبار
chaque demi-heure	har nim sāat yekbār هر نیم ساعت یکبار
chaque heure	har sāat هر ساعت
plusieurs fois par jour	čand bār dar ruz چند بار در روز
… fois par jour	… bār dar ruz ...بار در روز
horaire	jadval-e sāāt جدول ساعات
Où puis-je voir l'horaire?	jadval-e sāāt rā kojā mtavānam bebinam? جدول ساعات را کجا می توانم ببینم؟
À quelle heure passe le prochain bus?	otobus-e ba'di če sāati ast? اتوبوس بعدی چه ساعتی است؟
À quelle heure passe le premier bus?	otobus-e avval če sāati ast? اتوبوس اول چه ساعتی است؟
À quelle heure passe le dernier bus?	otobus-e axar če sāati ast? اتوبوس آخر چه ساعتی است؟

arrêt	istgāh
	ایستگاه
prochain arrêt	istgāh-e ba'di
	ایستگاه بعدی
terminus	termināl
	ترمینال
Pouvez-vous arrêter ici, s'il vous plaît.	lotfan injā tavaqqof konid
	لطفاً اینجا توقف کنید.
Excusez-moi, c'est mon arrêt.	bebaxšid, istgāh-e man injāst
	ببخشید، ایستگاه من اینجاست.

Train

train	qatār قطار
train de banlieue	qatār-e beyn-e šahri قطار بیرون شهری
train de grande ligne	qatār-e safari قطار سفری
la gare	istgāh-e qatar ایستگاه قطار
Excusez-moi, où est la sortie vers les quais?	bebaxšid, xoruji be samt-e sakuhā kojāst? ببخشید، خروجی به سمت سکوها کجاست؟

Est-ce que ce train va à ...?	ayā in qatār be ... miravad? آیا این قطار به...می رود؟
le prochain train	qatār-e ba'di قطار بعدی
À quelle heure est le prochain train?	qatār-e ba'di če sāati ast? قطار بعدی چه ساعتی است؟

Où puis-je voir l'horaire?	jadval-e sāāt rā kojā mtavānam bebinam? جدول ساعات را کجا می توانم ببینم؟

De quel quai?	az kodām sakku? از کدام سکو؟
À quelle heure arrive le train à ...?	če sāati qatār be ... miresad? چه ساعتی قطار به... می رسد؟

Pouvez-vous m'aider, s'il vous plaît?	lotfan be man komak konid لطفا به من کمک کنید.
Je cherche ma place.	donbāl-e jā-ye xod migardam دنبال جای خود می گردم.
Nous cherchons nos places.	donbāl-e jā-hāye xod migardim دنبال جاهای خود می گردیم.

Ma place est occupée.	jā-ye man gerefte šode ast جای من گرفته شده است.
Nos places sont occupées.	jā-hāye mā gerefte šode and جاهای ما گرفته شده اند.
Excusez-moi, mais c'est ma place.	bebaxšid, injā jā-ye man ast ببخشید، اینجا جای من است.

Est-ce que cette place est libre? āyā in jā āzād ast?
آیا این جا آزاد است؟

Puis-je m'asseoir ici? mitavānam injā benešinam?
می توانم اینجا بنشینم؟

Sur le train - Dialogue (Pas de billet)

Votre billet, s'il vous plaît.	bilit, lotfan
	بليط، لطفاً.
Je n'ai pas de billet.	bilit nadāram
	بليط ندارم.
J'ai perdu mon billet.	bilitam rā gom kardeam
	بليطم را گم کرده ام.
J'ai oublié mon billet à la maison.	bilitam rā dar xāne jā gozāšteam
	بليطم را در خانه جا گذاشته ام.
Vous pouvez m'acheter un billet.	mitavanid bilit rā az man bexarid
	می توانید بليط را از من بخرید.
Vous devrez aussi payer une amende.	bāyad jarime-i rā ham bepardāzid
	باید جریمه ای را هم بپردازید.
D'accord.	bāšad
	باشد.
Où allez-vous?	kojā miravid?
	کجا می روید؟
Je vais à ...	be ... miravam
	به...می روم.
Combien? Je ne comprend pas.	čeqadr? motevajeh našodam
	چقدر؟ متوجه نشدم.
Pouvez-vous l'écrire, s'il vous plaît.	lotfan ānrā benevisid
	لطفاً آنرا بنویسید.
D'accord. Puis-je payer avec la carte?	bale. mitavānam bā kārt bepardāzam?
	بله. می توانم با کارت بپردازم؟
Oui, bien sûr.	bale, hatman
	بله، حتماً.
Voici votre reçu.	in resid-e šomāst
	این رسید شماست.
Désolé pour l'amende.	bābat-e jarime moteasefam
	بابت جریمه متأسفم.
Ça va. C'est de ma faute.	moškeli nist. taqsir-e xod-e man ast
	مشکلی نیست. تقصیر خود من است.
Bon voyage.	safar bexeyr
	سفر بخیر.

Taxi

taxi	tāksi
	تاکسی
chauffeur de taxi	rānande tāksi
	راننده تاکسی
prendre un taxi	tāksi gereftan
	تاکسی گرفتن
arrêt de taxi	istgāh-e tāksi
	ایستگاه تاکسی
Où puis-je trouver un taxi?	kojā mitavānam tāksi begiram?
	کجا می توانم تاکسی بگیرم؟
appeler un taxi	tāksi sedā zadan
	تاکسی صدا زدن
Il me faut un taxi.	tāksi lāzem dāram
	تاکسی لازم دارم.
maintenant	alān
	الان
Quelle est votre adresse?	ādres-e šomā kojāst?
	آدرس شما کجاست؟
Mon adresse est …	ādres-e man … ast.
	آدرس من...است.
Votre destination?	maqsad-e šoma?
	مقصد شما؟

Excusez-moi, …	bebaxšid, …
	...ببخشید،
Vous êtes libre ?	āzād hastid?
	آزاد هستید؟
Combien ça coûte pour aller à …?	hazine-ye raftan be … čeqadr mišavad?
	هزینه رفتن به...چقدر می شود؟
Vous savez où ça se trouve?	midānid kojāst?
	می دانید کجاست؟

À l'aéroport, s'il vous plaît.	forudgāh, lotfan
	فرودگاه، لطفاً.
Arrêtez ici, s'il vous plaît.	lotfan injā tavaqqof konid
	لطفاً اینجا توقف کنید.
Ce n'est pas ici.	injā nist
	اینجا نیست.
C'est la mauvaise adresse.	ādres eštebāh ast
	آدرس اشتباه است.
tournez à gauche	dast-e čap bepičid
	دست چپ بپیچید.
tournez à droite	dast-e rast bepičid
	دست راست بپیچید.

Combien je vous dois?	čeqadr be šomā bepardāzam? چقدر به شما بپردازم؟
J'aimerais avoir un reçu, s'il vous plaît.	lotfan yek resid be man bedahid لطفاً یک رسیدبه من بدهید.
Gardez la monnaie.	bagiye-ye pul rā negah dārid بقیه پول را نگه دارید.

Attendez-moi, s'il vous plaît ...	lotfan mitavānid montazer-e man bemānid? لطفاً می توانید منتظر من بمانید؟

cinq minutes	panj daqiqe پنج دقیقه
dix minutes	dah daqiqe ده دقیقه
quinze minutes	pānzdah daqiqe پانزده دقیقه
vingt minutes	bist daqiqe بیست دقیقه
une demi-heure	nim sāat نیم ساعت

Hôtel

Bonjour.	salām
	سلام.
Je m'appelle ...	esm-e man ... ast
	اسم من...است.
J'ai réservé une chambre.	yek otāq rezerv kardeam
	یک اتاق رزرو کرده ام.
Je voudrais ...	be ... niyāz dāram
	به...نیازدارم
une chambre simple	yek otāq-e yek nafare
	یک اتاق یک نفره
une chambre double	yek otāq-e do nafare
	یک اتاق دو نفره
C'est combien?	qeymat-e ān čand ast?
	قیمت آن چند است؟
C'est un peu cher.	kami gerān ast
	کمی گران است.
Avez-vous autre chose?	gozine-ye digari ham dārid?
	گزینه دیگری هم دارید؟
Je vais la prendre.	ān rā rā migiram
	آن را می گیرم.
Je vais payer comptant.	naaqdi pardāxt mikonam
	نقدی پرداخت می کنم.
J'ai un problème.	yek moškel dāram
	یک مشکل دارم.
Mon ... est cassé /Ma ... est cassée/	...man šekaste ast
	... من شکسته است.
Mon /Ma/ ... ne fonctionne pas.	...man kār nemikonad
	...من کار نمی کند.
télé	televiziyon
	تلویزیون
air conditionné	tahviye-ye matbuʿ
	تهویه مطبوع
robinet	šir-e āb
	شیر آب
douche	duš
	دوش
évier	sink
	سینک
coffre-fort	gāv sandoq
	گاو صندوق

serrure de porte	qofl-e dar
	قفل در
prise électrique	piriz-e barq
	پریز برق
sèche-cheveux	sešoār
	سشوار

Je n'ai pas …	… nadāram.
	...ندارم.
d'eau	āb
	آب
de lumière	nur
	نور
d'électricité	barq
	برق

Pouvez-vous me donner …?	mitavānid … be man bedahid?
	می توانید... به من بدهید؟
une serviette	yek hole
	یک حوله
une couverture	yek patu
	یک پتو
des pantoufles	dampāyi
	دمپایی
une robe de chambre	yek robdošāmbr
	یک روب دوشامبر
du shampoing	šāmpo
	شامپو
du savon	sabun
	صابون

Je voudrais changer ma chambre.	mixāham otāqam rā avaz konam
	می خواهم اتاقم را عوض کنم.
Je ne trouve pas ma clé.	kelidam rā peydā nemikonam
	کلیدم را پیدا نمی کنم.
Pourriez-vous ouvrir ma chambre, s'il vous plaît?	mitavānid lotfan otāqam rā bāz konid?
	می توانید لطفاً اتاقم را باز کنید؟
Qui est là?	kiye?
	کیه؟
Entrez!	befarmāyid tu!
	!بفرمایید تو
Une minute!	yek lahze!
	!یک لحظه
Pas maintenant, s'il vous plaît.	lotfan ālān na
	لطفاً الان نه.

Pouvez-vous venir à ma chambre, s'il vous plaît.	mitavānid lotfan be otāq-e man biyāyid?
	می توانید لطفاً به اتاق من بیایید؟
J'aimerais avoir le service d'étage.	mixāham qazāye dāxel-e otāq rā sefāreš bedaham
	می خواهم غذای داخل اتاق راسفارش بدهم.

Mon numéro de chambre est le …	šomāre-ye otāq-e man … ast
	شماره اتاق من... است.
Je pars …	man … miravam
	من...می روم
Nous partons …	mā … miravim
	ما...می رویم
maintenant	alān
	الان
cet après-midi	emruz ba'd az zohr
	امروز بعد از ظهر
ce soir	emšab
	امشب
demain	fardā
	فردا
demain matin	fardā sobh
	فردا صبح
demain après-midi	fardā ba'd az zohr
	فردا بعد از ظهر
après-demain	pas fardā
	پس فردا

Je voudrais régler mon compte.	mixāham hesāb-e xod ra bepardāzam
	می خواهم حساب خود را بپردازم.
Tout était merveilleux.	hame čiz xeyli āli bud
	همه چیز خیلی عالی بود.
Où puis-je trouver un taxi?	kojā mitavānam tāksi begiram?
	کجا می توانم تاکسی بگیرم؟
Pourriez-vous m'appeler un taxi, s'il vous plaît?	mitavānid lotfan yek tāksi barāyam sedā konid?
	می توانید لطفاً یک تاکسی برایم صدا کنید؟

Restaurant

Puis-je voir le menu, s'il vous plaît?
mitavānam lotfan meno rā bebinam?
می توانم لطفاً منو را ببینم؟

Une table pour une personne.
yek miz-e yek nafare
یک میز یک نفره.

Nous sommes deux (trois, quatre).
do (se, čāhār) nafar hastim
دو (سه، چهار) نفر هستیم.

Fumeurs
sigāri
سیگاری

Non-fumeurs
qeyre sigāri
غیر سیگاری

S'il vous plaît!
bebaxšid!
ببخشید!

menu
meno
منو

carte des vins
meno-ye mašrubāt
منوی مشروبات

Le menu, s'il vous plaît.
meno lotfan
منو، لطفاً.

Êtes-vous prêts à commander?
mixāhid sefārešetān rā bedahid?
می خواهید سفارشتان رابدهید؟

Qu'allez-vous prendre?
če meyl mikonid?
چه میل می کنید؟

Je vais prendre ...
yek ... migiram
یک...می گیرم

Je suis végétarien.
giyāhxār hastam
گیاهخوار هستم.

viande
gušt
گوشت

poisson
māhi
ماهی

légumes
sabzijāt
سبزیجات

Avez-vous des plats végétariens?
qāzāhā-ye giyāhi dārid?
غذاهای گیاهی دارید؟

Je ne mange pas de porc.
gušt-e xuk nemixoram
گوشت خوک نمی خورم.

Il /elle/ ne mange pas de viande.
u gušt nemixorad
او گوشت نمی خورد.

Je suis allergique à ...
be ... hassāsiyat dāram
به...حساسیت دارم

Pourriez-vous m'apporter …,
s'il vous plaît.

mitavānid lotfa … barāyam biyāvarid

می توانیدلطفاً...برایم بیاورید.

le sel | le poivre | du sucre

namak | felfel | šekar

شكر| فلفل |نمک

un café | un thé | un dessert

qahve | čāy | deser

دسر | چای | ا قهوه

de l'eau | gazeuse | plate

āb | gāzdār | bigāz

بی گاز | گازدار | آب

une cuillère | une fourchette | un couteau

yek qāšoq | yek čangāl | yek kārd

یک کارد| ا یک چنگال| ا یک قاشق

une assiette | une serviette

yek bošqāb | yek dastmāl

یک دستمال| ا یک بشقاب

Bon appétit!

meyl befarmāyid!

میل بفرمایید!

Un de plus, s'il vous plaît.

yeki digar lotfan

یکی دیگر لطفاً.

C'était délicieux.

besyār xošmaze bud

بسیار خوشمزه بود.

---

l'addition | de la monnaie | le pourboire

surat hesāb | pul-e xord | an'ām

انعام| ا پول خرد| ا صورت حساب

L'addition, s'il vous plaît.

surat hesab, lotfan

صورت حساب لطفاً.

Puis-je payer avec la carte?

mitavānam bā kārt bepardāzam?

می توانم با کارت بپردازم؟

Excusez-moi, je crois qu'il y a une
erreur ici.

bebaxšid, fekr mikonam injā eštebāhi
sode ast

ببخشید، فكری كنم اينجا اشتباهی شده است.

Shopping. Faire les Magasins

Est-ce que je peux vous aider?
mitavānam komaketān konam?
می توانم کمکتان کنم؟

Avez-vous ... ?
āyā ... dārid?
آیا...دارید؟

Je cherche ...
donbāl-e ... migardam
دنبال...می گردم

Il me faut ...
be ... ehtiyāj dāram
به...احتیاج دارم

Je regarde seulement, merci.
faqat negāh mikonam mamnun
فقط نگاه می کنم، ممنون.

Nous regardons seulement, merci.
faqat negāh mikonim, mamnun
فقط نگاه می کنیم، ممنون.

Je reviendrai plus tard.
yek bār-e digar xāham āmad
یک بار دیگر خواهم آمد.

On reviendra plus tard.
yek bār-e digar xāhim āmad
یک بار دیگر خواهیم آمد.

Rabais | Soldes
taxfif | harāj
حراج ا تخفیف

Montrez-moi, s'il vous plaît ...
mitavānid lotfan ... rā be man nešān bedahid
می توانید لطفاً ... را به من نشان بدهید؟

Donnez-moi, s'il vous plaît ...
lotfan ... rā be man bedahid
لطفاً...را به من بدهید

Est-ce que je peux l'essayer?
mitavānam in rā emtehān konam?
می توانم این را امتحان کنم؟

Excusez-moi, où est la cabine d'essayage?
bebaxšid, kabin-e porov kojāst?
ببخشید، کابین پرو کجاست؟

Quelle couleur aimeriez-vous?
če rangi rā dust dā rid?
چه رنگی را دوست دارید؟

taille | longueur
sā yz | bolandi
بلندی ا سایز

Est-ce que la taille convient ?
āyā sāyz-e šomā mibāšad?
آیا سایز شما می باشد؟

Combien ça coûte?
qeymat-e ān čand ast?
قیمت آن چند است؟

C'est trop cher.
xeyli gerān ast
خیلی گران است.

Je vais le prendre.
ān rā rā migiram
آن را می گیرم.

Excusez-moi, où est la caisse?

bebaxšid, sandoq kojāst?

ببخشید، صندوق کجاست؟

Payerez-vous comptant ou par carte de crédit?

be surat-e naqdi ya bā kārt-e e'tebāri pardāxt mikonid?

به صورت نقدی یا با کارت اعتباری پرداخت می کنید؟

Comptant | par carte de crédit

naqdi | bā kārt-e e'tebāri

با کارت اعتباری ا نقدی

Voulez-vous un reçu?

resid mixāhid?

رسید می خواهید؟

Oui, s'il vous plaît.

bale, lotfan

بله، لطفاً.

Non, ce n'est pas nécessaire.

xeyr, niyāzi nist

خیر، نیازی نیست.

Merci. Bonne journée!

mamnum ruzetān xoš!

ممنون، روزتان خوش!

En ville

Excusez-moi, ...	bebaxšid, ...، ببخشید
Je cherche ...	donbāl-e ... migardam دنبال...می گردم
le métro	metro مترو
mon hôtel	hotel-e man هتل من
le cinéma	cinamā سینما
un arrêt de taxi	istgāh-e tāksi ایستگاه تاکسی
un distributeur	xodpardāz خودپرداز
un bureau de change	daftar-e sarāfi دفتر صرافی
un café internet	kāfinet کافی نت
la rue ...	xiyābān-e ... خیابان...
cette place-ci	in makān این مکان
Savez-vous où se trouve ...?	āyā midānid ... kojāst آیامی دانید...کجاست؟
Quelle est cette rue?	in če xiyābāni ast? این چه خیابانی است؟
Montrez-moi où sommes-nous, s'il vous plaît.	lotfan be man nešān bedahid alān kojā hastim لطفاً به من نشان بدهید الان کجا هستیم.
Est-ce que je peux y aller à pied?	mitavānam piyāde beravam? می توانم پیاده بروم؟
Avez-vous une carte de la ville?	naqše-ye šahr rā dārid? نقشه شهر را دارید؟
C'est combien pour un ticket?	qeymat-e yek bilit čand ast? قیمت یک بلیط چند است؟
Est-ce que je peux faire des photos?	āyā mitavānam aks begiram? آیا می توانم عکس بگیرم؟
Êtes-vous ouvert?	bāz hastid? باز هستید؟

À quelle heure ouvrez-vous?
če sāati bāz mikonid?
چه ساعتی باز می کنید؟

À quelle heure fermez-vous?
če sāati mibandid?
چه ساعتی می بندید؟

L'argent

argent	pul پول
argent liquide	pul-e naqd پول نقد
des billets	eskenās اسکناس
petite monnaie	pul-e xord پول خرد
l'addition | de la monnaie | le pourboire	surat hesāb | pul-e xord | an'ām انعام ا پول خرد ا صورت حساب

carte de crédit	kārt-e e'tebāri کارت اعتباری
portefeuille	kif-e pul کیف پول
acheter	xaridan خریدن
payer	pardāxt kardan پرداخت کردن
amende	jarime جریمه
gratuit	rāygān رایگان

Où puis-je acheter ... ?	kojā mitavānam ... bexaram? کجا می توانم...بخرم؟
Est-ce que la banque est ouverte en ce moment?	āyā alān bānk bāz ast? آیا الان بانک باز است؟
À quelle heure ouvre-t-elle?	če sāati bāz mikonad? چه ساعتی بازمی کند؟
À quelle heure ferme-t-elle?	če sāati mibandad? چه ساعتی می بندد؟

C'est combien?	čand ast? چنداست؟
Combien ça coûte?	qeymat-e ān čand ast? قیمت آن چند است؟
C'est trop cher.	xeyli gerān ast خیلی گران است.

Excusez-moi, où est la caisse?	bebaxšid, sandoq kojāst? ببخشید،صندوق کجاست؟
L'addition, s'il vous plaît.	surat hesāb, lotfan صورت حساب، لطفاً.

Puis-je payer avec la carte?	mitavānam bā kārt bepardāzam? می توانم با کارت بپردازم؟
Est-ce qu'il y a un distributeur ici?	āyā injā xodpardāz hast? آیا اینجا خودپرداز هست؟
Je cherche un distributeur.	donbāl-e yek xodpardāz migardam دنبال یک خودپرداز می گردم.
Je cherche un bureau de change.	donbāl-e sarrāfi migardam دنبال صرافی می گردم.
Je voudrais changer …	mixāham … avaz konam می خواهم...عوض کنم.
Quel est le taux de change?	nerx-e arz čeqadr ast? نرخ ارز چقدر است؟
Avez-vous besoin de mon passeport?	āyā gozarnāme-ye man rā lāzem dārid? آیا گذرنامه من را لازم دارید؟

Le temps

Quelle heure est-il?	sāat čand ast? ساعت چند است؟
Quand?	key? کی؟
À quelle heure?	če sāati? چه ساعتی؟
maintenant | plus tard | après …	alān | dirtar | ba'd بعد | دیرتر | الان
une heure	sāat-e yek ساعت یک
une heure et quart	sāat-e yek-o-rob ساعت یک و ربع
une heure et demie	sāat-e yek-o-nim ساعت یک و نیم
deux heures moins quart	yek rob be do یک ربع به دو
un | deux | trois	yek | do | se سه | دو | یک
quatre | cinq | six	čāhār | panj | šeš شش | پنج | چهار
sept | huit | neuf	haft | hašt | noh نه | هشت | هفت
dix | onze | douze	dah | yāzdah | davāzdah دوازده | یازده | ده
dans …	tā … digar تا...دیگر
cinq minutes	panj daqiqe پنج دقیقه
dix minutes	dah daqiqe ده دقیقه
quinze minutes	pānzdah daqiqe پانزده دقیقه
vingt minutes	bist daqiqe بیست دقیقه
une demi-heure	nim sāat نیم ساعت
une heure	yek sāat یک ساعت

dans la matinée	sobh
	صبح
tôt le matin	sobh-e zud
	صبح زود
ce matin	emruz sobh
	امروزصبح
demain matin	fardā sobh
	فردا صبح

à midi	zohr
	ظهر
dans l'après-midi	ba'd az zohr
	بعد ازظهر
dans la soirée	šab
	شب
ce soir	emšab
	امشب

la nuit	šab
	شب
hier	diruz
	دیروز
aujourd'hui	emruz
	امروز
demain	fardā
	فردا
après-demain	pas fardā
	پس فردا

Quel jour sommes-nous aujourd'hui?	emruz če ruzi ast?
	امروزچه روزی است؟
Nous sommes ...	emruz ... ast
	امروز...است
lundi	došanbe
	دوشنبه
mardi	sešanbe
	سه شنبه
mercredi	čāhāršanbe
	چهارشنبه

jeudi	panjšanbe
	پنجشنبه
vendredi	jom'e
	جمعه
samedi	šanbe
	شنبه
dimanche	yekšanbe
	یکشنبه

Salutations - Introductions

Bonjour.	salām
	سلام.
Enchanté /Enchantée/	xošbaxtam
	خوشبختم.
Moi aussi.	man ham hamintor
	من هم همینطور.
Je voudrais vous présenter ...	... rā be šomā mo'arefi mikonam
	...را به شما معرفی می کنم
Ravi /Ravie/ de vous rencontrer.	az didāretan xošbaxtam
	از دیدارتان خوشبختم.

Comment allez-vous?	hāletān četor ast?
	حالتان چطور است؟
Je m'appelle ...	esm-e man ... ast
	اسم من...است.
Il s'appelle ...	esm-e u ... ast
	اسم او...است.
Elle s'appelle ...	esm-e u ... ast
	اسم او...است.
Comment vous appelez-vous?	esm-e šomā čist?
	اسم شما چیست؟
Quel est son nom?	esm-e u čist?
	اسم او چیست؟
Quel est son nom?	esm-e u čist?
	اسم او چیست؟

Quel est votre nom de famille?	nām xānevādegi-ye šomā čist?
	نام خانوادگی شما چیست؟
Vous pouvez m'appeler ...	mitavānid man rā ... sedā konid
	می توانید من را...صدا کنید
D'où êtes-vous?	ahl-e kojāhastid?
	اهل کجا هستید؟
Je suis de ...	ahl-e ... hastam
	اهل...هستم.
Qu'est-ce que vous faites dans la vie?	šoql-e šomā čist?
	شغل شما چیست؟
Qui est-ce?	kiye?
	کیه؟
Qui est-il?	u kist?
	اوکیست؟
Qui est-elle?	u kist?
	اوکیست؟
Qui sont-ils?	ānhā ki hatand?
	آنها کی هستند؟

C'est ...	u ... ast	او...است
mon ami	dust-e man	دوست من
mon amie	dust-e man	دوست من
mon mari	šohar-e mn	شوهر من
ma femme	zan-e man	زن من
mon père	pedar-e man	پدر من
ma mère	mādar-e man	مادر من
mon frère	barādar-e man	برادر من
ma sœur	xāhar-e man	خواهر من
mon fils	pesar-e man	پسر من
ma fille	doxtar-e man	دختر من
C'est notre fils.	pesar-e māst	پسر ماست.
C'est notre fille.	doxtar-e māst	دخترماست.
Ce sont mes enfants.	farzandān-e man hastand	فرزندان من هستند.
Ce sont nos enfants.	farzandān-e mā hastand	فرزندان ما هستند.

Les adieux

Au revoir!	xodāhāfez! خداحافظ!
Salut!	bāy bāy! بای بای!
À demain.	tā fardā تا فردا.
À bientôt.	tā be zudi تا به زودی.
On se revoit à sept heures.	tā sāat-e haft تا ساعت هفت.
Amusez-vous bien!	xoš begzarad! خوش بگذرد!
On se voit plus tard.	hamdigar rā ba'dan mibinim همدیگررا بعدا می بینیم
Bonne fin de semaine.	āxar-e hafte xoš آخر هفته خوش.
Bonne nuit.	šab xoš شب خوش.
Il est l'heure que je parte.	vaqt-e raftan-e man ast وقت رفتن من است.
Je dois m'en aller.	bāyad beravam باید بروم.
Je reviens tout de suite.	zud barmigardam زود بر می گردم.
Il est tard.	dir ast دیراست.
Je dois me lever tôt.	bāyad zud az xāb bidār šavam باید زود از خواب بیدار شوم.
Je pars demain.	fardā be safar miravam فردا به سفر می روم.
Nous partons demain.	fardā be safar miravim فردا به سفر می رویم.
Bon voyage!	safar be xeyr! سفر به خیر!
Enchanté de faire votre connaissance.	az āšnāyi bā šomā xošbaxtam ازآشنایی با شما خوشبختم.
Heureux /Heureuse/ d'avoir parlé avec vous.	az sohbat bā šomā xošhāl šodam ازصحبت با شما خوشحال شدم.
Merci pour tout.	barāye hame čiz mamnun برای همه چیز ممنونم.

Je me suis vraiment amusé /amusée/   oqāt-e xubi rā gozarāndam
اوقات خوبی را گذراندم.

Nous nous sommes vraiment
amusés /amusées/   oqāt-e xubi rā gozarāndim
اوقات خوبی را گذراندیم.

C'était vraiment plaisant.   xeyli xoš gozašt
خیلی خوش گذشت.

Vous allez me manquer.   delam barāyetān tang mišavad
دلم برایتان تنگ می شود.

Vous allez nous manquer.   delamān barāyetān tang mišavad
دلمان برایتان تنگ می شود.

Bonne chance!   movaffaq bāšid!
موفق باشید!

Mes salutations à …   salām-e an rā be … beresānid
سلام من را به...برسانید.

Une langue étrangère

Je ne comprends pas.	motevajjeh nemišavam
	متوجه نمی شوم.
Écrivez-le, s'il vous plaît.	lotfan ānrā benevisid
	لطفاً آنرا بنویسید.
Parlez-vous …?	āyā … sohbat mikonid
	آیا…صحبت می کنید؟

Je parle un peu …	kami … sohbat mikonam
	کمی…صحبت می کنم
anglais	ingilisi
	انگلیسی
turc	torki
	ترکی
arabe	arabi
	عربی
français	farānsavi
	فرانسوی

allemand	ālmāni
	آلمانی
italien	itāliyāyi
	ایتالیایی
espagnol	espāniyāyi
	اسپانیایی
portugais	porteqāli
	پرتغالی
chinois	čini
	چینی
japonais	žāponi
	ژاپنی

Pouvez-vous le répéter, s'il vous plaît.	lotfan mitavānid tekrār konid
	لطفاً می توانید تکرار کنید.
Je comprends.	motevajjeh mišavam
	متوجه می شوم.
Je ne comprends pas.	motevajjeh nemišavam
	متوجه نمی شوم.
Parlez plus lentement, s'il vous plaît.	lotfan aheste tar sohbat konid
	لطفاً آهسته ترصحبت کنید.

Est-ce que c'est correct?	āyā dorost miguyam?
	آیا درست می گویم؟
Qu'est-ce que c'est?	ya'ni če?
	یعنی چه؟

Les excuses

Excusez-moi, s'il vous plaît.	bebaxsid, lotfan ببخشید، لطفا.
Je suis désolé /désolée/	moteasefam متاسفم.
Je suis vraiment /désolée/	vage'an moteasefam واقعا متاسفم.
Désolé /Désolée/, c'est ma faute.	moteasefam, taqsir-e man ast متاسفم، تقصیرمن است.
Au temps pour moi.	man eštebāh kardam من اشتباه کردم.
Puis-je ... ?	mitavānam ...? می توانم...؟
Ça vous dérange si je ...?	barāye šomā eškāli nadārad agar man ...? برای شما اشکالی ندارد اگرمن...؟
Ce n'est pas grave.	mohem nist مهم نیست.
Ça va.	moškeli nist مشکلی نیست.
Ne vous inquiétez pas.	mas'alei nist مسئله ای نیست.

Les accords

Oui	bale بله
Oui, bien sûr.	bale, albate بله، البته.
Bien.	xub. خوب.
Très bien.	xeyli xub خیلی خوب.
Bien sûr!	albate! البته!
Je suis d'accord.	movāfeq hastam موآفق هستم.
C'est correct.	dorost ast درست است.
C'est exact.	dorost ast درست است.
Vous avez raison.	rāst miguyid راست می گویید.
Je ne suis pas contre.	moxālef nistam مخالف نیستم.
Tout à fait correct.	kāmelan dorost ast کاملا درست است.
C'est possible.	momken ast ممکن است.
C'est une bonne idée.	fekr-e xubi ast فکر خوبی است.
Je ne peux pas dire non.	nemitavānam na beguyam نمی توانم نه بگویم.
J'en serai ravi /ravie/	xošhāl xāham šod خوشحال خواهم شد.
Avec plaisir.	bā kamāl-e meyl با کمال میل.

Refus, exprimer le doute

Non	xeyr خیر
Absolument pas.	aslan اصلا.
Je ne suis pas d'accord.	movāfeq nistam موافق نیستم.
Je ne le crois pas.	fekr nemikonam فکر نمی کنم.
Ce n'est pas vrai.	dorost nist درست نیست.
Vous avez tort.	eštebāh mikonid اشتباه می کنید.
Je pense que vous avez tort.	fekr mikonam ke eštebāh mikonid فکر می کنم که اشتباه می کنید.
Je ne suis pas sûr /sûre/	motma'en nistam مطمئن نیستم
C'est impossible.	qeyre momken ast غیر ممکن است.
Pas du tout!	be hič onvān! به هیچ عنوان!
Au contraire!	bar aks! ابرعکس!
Je suis contre.	moxālefam مخالفم.
Ça m'est égal.	barāyam farqi nemikonad برایم فرقی نمی کند.
Je n'ai aucune idée.	hič nazari nadāram هیچ نظری ندارم.
Je doute que cela soit ainsi.	šak dāram شک دارم.
Désolé /Désolée/, je ne peux pas.	moteasefam, nemitavānam متاسفم، نمی توانم.
Désolé /Désolée/, je ne veux pas.	moteasefam, nemixāham متاسفم، نمی خواهم.
Merci, mais ça ne m'intéresse pas.	mamnun vali barāyam jāleb nist ممنون ولی برایم جالب نیست.
Il se fait tard.	dir šode ast دیر شده است.

Je dois me lever tôt.

bāyad zud az xāb bidār šavam

باید زود از خواب بیدار شوم.

Je ne me sens pas bien.

hālam xub nist

حالم خوب نیست.

Exprimer la gratitude

Merci.	mamnun ممنون.
Merci beaucoup.	xeyli mamnun خیلی ممنون.
Je l'apprécie beaucoup.	besyār sepāsgozāram بسیار سپاسگزارم.
Je vous suis très reconnaissant.	vaqean az šomā motešakkeram واقعا از شما متشکرم.
Nous vous sommes très reconnaissant.	vaqean az šomā motešakkerim واقعا از شما متشکریم.

Merci pour votre temps.	mamnun ke vaqt gozāštid ممنون که وقت گذاشتید.
Merci pour tout.	barāye hame čiz mamnun برای همه چیز ممنونم.
Merci pour ...	mamnun barāye ... ممنون برای...
votre aide	komak-e šomā کمک شما
les bons moments passés	lahezāt-e xubi ke gozarāndim لحظات خوبی که گذراندیم

un repas merveilleux	qazā-ye laziz غذای لذیذ
cette agréable soirée	in šab-e āli این شب عالی
cette merveilleuse journée	in ruz-e foqol'āde این روز فوق العاده
une excursion extraordinaire	in safar-e xareqol'āde این سفر خارق العاده

Il n'y a pas de quoi.	xāheš mikonam خواهش می کنم.
Vous êtes les bienvenus.	xāheš mikonam خواهش می کنم.
Mon plaisir.	bā kamāl-e meyl با کمال میل.
J'ai été heureux /heureuse/ de vous aider.	bāes-e xošhāli bud باعث خوشحالی بود.
Ça va. N'y pensez plus.	qābeli nadāšt قابلی نداشت.
Ne vous inquiétez pas.	mas'alei nist مسئله ای نیست.

Félicitations. Vœux de fête

Félicitations!	mobārak bāšad! !مبارک باشد
Joyeux anniversaire!	tavalodet mobārak! !تولدت مبارک
Joyeux Noël!	krismas mobārak! !کریسمس مبارک
Bonne Année!	sāl-e no mobārak! !سال نو مبارک

Joyeuses Pâques!	eyd-e pāk mobārak! !عید پاک مبارک
Joyeux Hanoukka!	hānokā mobārak! !هانوکا مبارک

Je voudrais proposer un toast.	be salāmati benušim .به سلامتی بنوشیم
Santé!	be salāmati! !به سلامتی
Buvons à …!	be salāmati-ye…benušim! !بنوشیم...به سلامتی
À notre succès!	be salāmati-ye movaffaqiyat-e mā! !به سلامتی موفقیت ما
À votre succès!	be salāmati-ye movaffaqiyat-e šomā! !به سلامتی موفقیت شما

Bonne chance!	movaffaq bāšid! !موفق باشید
Bonne journée!	ruz xoš! !روز خوش
Passez de bonnes vacances !	tatilāt xoš! ! تعطیلات خوش
Bon voyage!	safar be xeyr! !سفر به خیر
Rétablissez-vous vite.	be ārezuye salāmati-ye zudtar-e šomā. .به آرزوی سلامتی زودتر شما

Socialiser

Pourquoi êtes-vous si triste?	čerā nārāhat hastid? چرا ناراحت هستید؟
Souriez!	labxand bezanid! لبخند بزنید!
Êtes-vous libre ce soir?	emšab āzād hastid? امشب آزاد هستید؟
Puis-je vous offrir un verre?	mitavānam be yek nušidani da'vatetān konam? می توانم به یک نوشیدنی دعوتتان کنم؟
Voulez-vous danser?	āyā mixāhid beraqsid? آیا می خواهید برقصید؟
Et si on va au cinéma?	āyā dust dārid be cinamā beravim? آیا دوست داریدبه سینما برویم؟
Puis-je vous inviter ...	mitavānam šomā rā ... da'vat konam می توانم شما را ...دعوت کنم
au restaurant	be resturān به رستوران
au cinéma	be cinamā به سینما
au théâtre	be teātr به تئاتر
pour une promenade	be gardeš به گردش
À quelle heure?	če sāati? چه ساعتی؟
ce soir	emšab امشب
à six heures	sāat-e šeš ساعت شش
à sept heures	sāat-e haft ساعت هفت
à huit heures	sāat-e hašt ساعت هشت
à neuf heures	sāat-e noh ساعت نه
Est-ce que vous aimez cet endroit?	āyā in mahal rā dust dārid? آیا این محل را دوست دارید؟
Êtes-vous ici avec quelqu'un?	āyā bā kasi be injā āmadeid? آیا با کسی اینجا آمده اید؟

Je suis avec mon ami.
bā dustam hastam
با دوستم هستم.

Je suis avec mes amis.
bā dustānam hastam
با دوستانم هستم.

Non, je suis seul /seule/
na,tanhā hastam
نه، تنها هستم.

As-tu un copain?
dust pesar dāri?
دوست پسرداری؟

J'ai un copain.
dust pesar dāram
دوست پسردارم.

As-tu une copine?
dust doxtar dāri?
دوست دختر داری؟

J'ai une copine.
dust doxtar dāram
دوست دختر دارم.

Est-ce que je peux te revoir?
mitavānam dobāre bebinametān?
می توانم دوباره ببینمتان؟

Est-ce que je peux t'appeler?
mitavānam behetān telefon bezanam?
می توانم بهتان تلفن بزنم؟

Appelle-moi.
behem telefn bezan
بهم تلفن بزن.

Quel est ton numéro?
šomāre-ye telefonet čist?
شماره تلفنت چیست؟

Tu me manques.
delam barāyat tang šode ast
دلم برایت تنگ شده است.

Vous avez un très beau nom.
esm-e gašangi dārid
اسم قشنگی دارید.

Je t'aime.
dustat dāram
دوستت دارم.

Veux-tu te marier avec moi?
mixāhi bā man ezdevāj koni?
می خواهی با من ازدواج کنی؟

Vous plaisantez!
šuxi mikonid!
شوخی می کنید!

Je plaisante.
šuxi mikonam
شوخی می کنم.

Êtes-vous sérieux /sérieuse/?
jeddi miguyid?
جدی می گویید؟

Je suis sérieux /sérieuse/
jeddi miguyam
جدی می گویم.

Vraiment?!
vāqean?!
واقعا؟!

C'est incroyable!
bāvar nakadani ast
باورنکردنی است

Je ne vous crois pas.
harfetān rā bāvar nemikonam
حرفتان را باور نمی کنم.

Je ne peux pas.
nemitavānam
نمی توانم.

Je ne sais pas.
nemidānam
نمی دانم.

Je ne vous comprends pas	harfetān rā nemifahmam
	حرفتان را نمی فهمم.
Laissez-moi! Allez-vous-en!	lotfan beravid!
	!الطفأ بروید
Laissez-moi tranquille!	lotfan marā rāhat begozārid!
	!امرا راحت بگذارید

Je ne le supporte pas.	nemitavānam u rā tahamol konam
	نمی توانم او را تحمل کنم.
Vous êtes dégoûtant!	šomā monzajer konande hastid!
	!شما منزجر کننده هستید
Je vais appeler la police!	polis rā sedā mizanam!
	!پلیس را صدا می زنم

Partager des impressions. Émotions

J'aime ça.	in rā dust dāram
	این را دوست دارم.
C'est gentil.	xeyli xub ast
	خیلی خوب است.
C'est super!	āli ast!
	عالی است!
C'est assez bien.	bad nist
	بد نیست.

Je n'aime pas ça.	in rā dust nadāram
	این را دوست ندارم.
Ce n'est pas bien.	xub nist
	خوب نیست.
C'est mauvais.	bad ast
	بد است.
Ce n'est pas bien du tout.	aslan xub nist
	اصلا خوب نیست.
C'est dégoûtant.	mozajer knande ast
	منزجر کننده است.

Je suis content /contente/	xošhāl hastam
	خوشحال هستم.
Je suis heureux /heureuse/	xošbaxt hastam
	خوشبخت هستم.
Je suis amoureux /amoureuse/	āšeq hastam
	عاشق هستم.
Je suis calme.	ārām hastam
	آرام هستم.
Je m'ennuie.	kesel hastam
	کسل هستم.

Je suis fatigué /fatiguée/	xaste-am
	خسته ام.
Je suis triste.	nārāhat hastam
	ناراحت هستم.
J'ai peur.	mitarsam
	می ترسم.

Je suis fâché /fâchée/	asabāni hastam
	عصبانی هستم.
Je suis inquiet /inquiète/	negarān hastam
	نگران هستم.
Je suis nerveux /nerveuse/	asabi hastam
	عصبی هستم.

Je suis jaloux /jalouse/

hasud hastam

حسود هستم.

Je suis surpris /surprise/

mote'ajeb hastam

متعجب هستم.

Je suis gêné /gênée/

bohtzade hastam

بهت زده هستم.

Problèmes. Accidents

J'ai un problème.	yek moškel dāram یک مشکل دارم.
Nous avons un problème.	yek moškel dārim یک مشکل داریم.
Je suis perdu /perdue/	gom šodeam گم شده ام.
J'ai manqué le dernier bus (train).	āxarin otobus (qatār) rā az dast dādeam آخرین اتوبوس (قطار) را از دست دادم.
Je n'ai plus d'argent.	digar pul nadāram دیگر پول ندارم.

J'ai perdu mon ...	...-am rā gom kardeam ...ام راگم کرده ام.
On m'a volé mon ...	...-am rā dozdidand ...ام را دزدیدند.

passeport	gozarnāme گذرنامه
portefeuille	kif-e pul کیف پول
papiers	madārek مدارک
billet	bilit بلیط

argent	pul پول
sac à main	kif-e dasti کیف دستی
appareil photo	durbin-e akkāsi دوربین عکاسی
portable	laptāp لپ تاپ
ma tablette	tablet تبلب
mobile	mobāyl موبایل

Au secours!	komak! !کمک
Qu'est-il arrivé?	če ettefāqi oftāde ast? چه اتفاقی افتاده است؟
un incendie	ātaš suzi آتش سوزی

des coups de feu	tirandāzi
	تیراندازی
un meurtre	qatl
	قتل
une explosion	enfejār
	انفجار
une bagarre	da'vā
	دعوا

Appelez la police!	polis rā xabar konid!
	!پلیس را خبر کنید
Dépêchez-vous, s'il vous plaît!	lotfan ajale konid!
	!لطفأ عجله کنید
Je cherche le commissariat de police.	donbāl-e edāre-ye polis migardam
	دنبال اداره پلیس می گردم.
Il me faut faire un appel.	niyāz dāram telefon bezanam
	نیازدارم تلفن بزنم.
Puis-je utiliser votre téléphone?	mitavānam az telefon-e šomā estefāde konam?
	می توانم از تلفن شما استفاده کنم؟

J'ai été ...	man mored-e ... qarār gereftam
	من مورد...قرار گرفتم
agressé /agressée/	man mored-e hamle qarār gereftam
	من مورد حمله قرار گرفتم
volé /volée/	man mored-e dozdi qarār gereftam
	من مورد دزدی قرار گرفتم
violée	man mored-e tajāvoz qarār gereftam
	من مورد تجاوز قرار گرفتم
attaqué /attaquée/	man kotak xordam
	من کتک خوردم

Est-ce que ça va?	xub hastid?
	خوب هستید؟
Avez-vous vu qui c'était?	didid ki bud?
	دیدید کی بود؟
Pourriez-vous reconnaître cette personne?	āyā mitavānid in šaxs ra šenāsāyi konid?
	آیامی توانید این شخص را شناسایی کنید؟
Vous êtes sûr?	motma'en hastid?
	مطمئن هستید؟

Calmez-vous, s'il vous plaît.	lotfan ārām bašid
	لطفأ آرام باشید.
Calmez-vous!	ārām bāšid!
	!آرام باشید
Ne vous inquiétez pas.	mas'alei nist
	مسئله ای نیست.
Tout ira bien.	hame čiz be xubi xāhad gozašt
	همه چیز به خوبی خواهد گذشت.
Ça va. Tout va bien.	hame čiz xub ast
	همه چیز خوب است.

Venez ici, s'il vous plaît.

lotfan biyāyid injā

لطفاً بیایید اینجا.

J'ai des questions à vous poser.

az šomā cand soāl dāram

از شما چند سوال دارم.

Attendez un moment, s'il vous plaît.

lotfan yek lahze montazer bemānid

لطفاً یک لحظه منتظر بمانید.

Avez-vous une carte d'identité?

kārt-e šenāsāyi dārid?

کارت شناسایی دارید؟

Merci. Vous pouvez partir maintenant.

mamnun, mitavānid beravid

ممنون. می توانید بروید.

Les mains derrière la tête!

dast-hā rā pošt-e sar begozārid!

دست ها را پشت سر بگذارید!

Vous êtes arrêté!

šomā bāzdāšt hastid!

شما بازداشت هستید!

Problèmes de santé

Aidez-moi, s'il vous plaît.	lotfan be man komak konid لطفاً به من کمک کنید.
Je ne me sens pas bien.	hālam xub nist حالم خوب نیست.
Mon mari ne se sent pas bien.	hāl-e šoharam xub nist حال شوهرم خوب نیست.
Mon fils ...	pesaram پسرم...
Mon père ...	pedaram پدرم...
Ma femme ne se sent pas bien.	hāl-e zanam xub nist حال زنم خوب نیست.
Ma fille ...	doxtaram دخترم...
Ma mère ...	mādaram مادرم...
J'ai mal ...	... dard dāram ...درد دارم
à la tête	sar سر
à la gorge	galu گلو
à l'estomac	me'de معده
aux dents	dandān دندان
J'ai le vertige.	sargije dāram سرگیجه دارم.
Il a de la fièvre.	tab dāram تب دارم.
Elle a de la fièvre.	u tab dārad او تب دارد.
Je ne peux pas respirer.	nemitavānam nafas bekesam نمی توانم نفس بکشم.
J'ai du mal à respirer.	nafaskešidan barāyam saxt ast نفس کشیدن برایم سخت است.
Je suis asthmatique.	āsm dāram آسم دارم.
Je suis diabétique.	diyābet dāram دیابت دارم.

Je ne peux pas dormir.	nemitavānam bexābam
	نمی توانم بخوابم.
intoxication alimentaire	masmumiyat-e qazāyi
	مسمومیت غذایی

Ça fait mal ici.	injāyam dard mikonad
	اینجایم درد میکند.
Aidez-moi!	komak!
	!کمک
Je suis ici!	injā hastam!
	!اینجا هستم
Nous sommes ici!	injā hastim!
	!اینجا هستیم
Sortez-moi d'ici!	man rā az inja xārej konid!
	!من را از اینجا خارج کنید
J'ai besoin d'un docteur.	ehtiyāj be doktor daram
	احتیاج به دکتر دارم.
Je ne peux pas bouger!	nimitavānam tekān boxoram
	نمی توانم تکان بخورم.
Je ne peux pas bouger mes jambes.	nemitavānam pāhāyam ra tekān bedaham
	نمی توانم پاهایم را تکان بدهم.

Je suis blessé /blessée/	zaxmi šodeam
	زخمی شده ام.
Est-ce que c'est sérieux?	jeddi ast?
	جدی است؟
Mes papiers sont dans ma poche.	madārekam dar jibam hastand
	مدارکم در جیبم هستند.
Calmez-vous!	ārām bāšid!
	!آرام باشید
Puis-je utiliser votre téléphone?	mitavānam az telefon-e šomā estefāde konam?
	می توانم از تلفن شما استفاده کنم؟

Appelez une ambulance!	āmbulāns xabar konid!
	!آمبولانس خبر کنید
C'est urgent!	fori ast!
	!فوری است
C'est une urgence!	uržansi ast!
	!اورژانسی است
Dépêchez-vous, s'il vous plaît!	lotfan ajale konid!
	!لطفاً عجله کنید

Appelez le docteur, s'il vous plaît.	lotfan doktor xabar konid
	لطفاً دکتر خبر کنید.
Où est l'hôpital?	bimārestān kojast
	بیمارستان کجاست؟
Comment vous sentez-vous?	hāletān četor ast?
	حالتان چطور است؟

Est-ce que ça va?	hame čiz xub ast?
	همه چیز خوب است؟
Qu'est-il arrivé?	če ettefāqi oftāde ast?
	چه اتفاقی افتاده است؟
Je me sens mieux maintenant.	alān hālam behtar ast
	الان حالم بهتر است.
Ça va. Tout va bien.	hame čiz xub ast
	همه چیز خوب است.
Ça va.	xub hastam
	خوب هستم.

À la pharmacie

pharmacie	dāruxāne
	داروخانه
pharmacie 24 heures	dāruxāne-ye šabāne ruzi
	داروخانه شبانه روزی
Où se trouve la pharmacie la plus proche?	nazdiktarin dāruxāne kojāst?
	نزدیک ترین داروخانه کجاست؟
Est-elle ouverte en ce moment?	alān bāz ast?
	الان باز است؟
À quelle heure ouvre-t-elle?	če sāati bāz mikonad?
	چه ساعتی باز می کند؟
à quelle heure ferme-t-elle?	če sāati mibandad?
	چه ساعتی می بندد؟
C'est loin?	dur ast?
	دور است؟
Est-ce que je peux y aller à pied?	mitavānam piyāde beravam?
	می توانم پیاده بروم؟
Pouvez-vous me le montrer sur la carte?	mitavānid ruye naqše nešānam bedahid?
	می توانید روی نقشه نشانم بدهید؟
Pouvez-vous me donner quelque chose contre ...	mitavānid daruyi barāye ... be man bedahid
	می توانید دارویی برای...به من بدهید
le mal de tête	sar dard
	سر درد
la toux	sorfe
	سرفه
le rhume	sarmā xordegi
	سرماخوردگی
la grippe	grip
	گریپ
la fièvre	tab
	تب
un mal d'estomac	me'de dard
	معده درد
la nausée	tahavvo'
	تهوع
la diarrhée	eshāl
	اسهال
la constipation	yobusat
	یبوست

un mal de dos	pošt dard پشت درد
les douleurs de poitrine	sine dard سینه درد
les points de côté	pahlu dard پهلو درد
les douleurs abdominales	šekam dard شکم درد

une pilule	qors قرص
un onguent, une crème	pomād, kerem پماد کرم
un sirop	šarbat شربت
un spray	esperey اسپری
les gouttes	qatre قطره

Vous devez allez à l'hôpital.	bāyad be bimarestān beravid بایدبه بیمارستان بروید.
assurance maladie	bime-ye darmān بیمه درمان
prescription	nosxe نسخه
produit anti-insecte	made-ye daf'e hašarāt ماده دفع حشرات
bandages adhésifs	bāndaž-e časbdār بانداژ چسبدار

Les essentiels

Excusez-moi, ...	bebaxšid, ...،ببخشید
Bonjour	salām سلام.
Merci	mamnun ممنونم
Au revoir	xodāhāfez خداحافظ.
Oui	bale بله
Non	xeyr خیر
Je ne sais pas.	nemidānam نمی دانم.
Où? | Où? | Quand?	kojā? | kojā? | key? کی؟ | کجا؟ | کجا؟

J'ai besoin de ...	be ... ehtiyāj dāram به...احتیاج دارم
Je veux ...	mixāham ... ...می خواهم
Avez-vous ... ?	āyā ... dārid? آیا...دارید؟
Est-ce qu'il y a ... ici?	āyā injā ... hast? آیا اینجا ...هست؟
Puis-je ... ?	mitavānam ...? می توانم...؟
s'il vous plaît (pour une demande)	lotfan لطفاً

Je cherche ...	donbāl-e ... migardam دنبال...می گردم.
les toilettes	tuālet توالت
un distributeur	xodpardāz خودپرداز
une pharmacie	dāruxāne داروخانه
l'hôpital	bimārestān بیمارستان
le commissariat de police	edāre-ye polis اداره پلیس
une station de métro	istgāh-e metro ایستگاه مترو

un taxi	tāksi
	تاکسی
la gare	istgāh-e qatār
	ایستگاه قطار

Je m'appelle ...	esm-e man ... ast
	اسم من...است.
Comment vous appelez-vous?	esm-e šomā čist?
	اسم شما چیست؟
Aidez-moi, s'il vous plaît.	lotfan mitavānid komakam konid?
	لطفاً می توانید کمکم کنید؟
J'ai un problème.	yek moškel dāram
	یک مشکل دارم.
Je ne me sens pas bien.	hālam xub nist
	حالم خوب نیست.
Appelez une ambulance!	āmbulāns xabar konid!
	آمبولانس خبر کنید!
Puis-je faire un appel?	mitavānam yek telefon bezanam?
	می توانم یک تلفن بزنم؟

Excusez-moi.	ma'zerat mixāham
	معذرت می خواهم.
Je vous en prie.	xāheš mikonam
	خواهش می کنم.

je, moi	man
	من
tu, toi	to
	تو
il	u
	او
elle	u
	او
ils	an-hā
	آنها
elles	an-hā
	آنها
nous	mā
	ما
vous	šomā
	شما
Vous	šomā
	شما

ENTRÉE	vorudi
	ورودی
SORTIE	xoruji
	خروجی
HORS SERVICE	EN PANNE	xarāb
	خراب
FERMÉ	baste
	بسته

OUVERT	bāz
	باز
POUR LES FEMMES	zanāne
	زنانه
POUR LES HOMMES	mardāne
	مردانه

VOCABULAIRE THÉMATIQUE

Cette section contient plus
de 3000 des mots les plus
importants. Le dictionnaire
sera d'une aide indispensable
lors de voyages à l'étranger
puisque les mots individuels
sont souvent assez pour être
compris. Le dictionnaire
comprend une transcription
utile de chaque mot

T&P Books Publishing

CONTENU DU DICTIONNAIRE

T&P Books Publishing

T&P BOOKS

CONCEPTS DE BASE

T&P Books Publishing

1. Les pronoms

je	man	من
tu	to	تو
il, elle, ça	u	او
nous	mā	ما
vous	šomā	شما
ils, elles	ān-hā	آنها

2. Adresser des vœux. Se dire bonjour

Bonjour! (form.)	salām	سلام
Bonjour! (le matin)	sobh bexeyr	صبح بخیر
Bonjour! (après-midi)	ruz bexeyr!	روز بخیر!
Bonsoir!	asr bexeyr	عصربخیر
dire bonjour	salām kardan	سلام کردن
Salut!	salām	سلام
salut (m)	salām	سلام
saluer (vt)	salām kardan	سلام کردن
Comment allez-vous?	haletān četowr ast?	حالتان چطور است؟
Comment ça va?	četorid?	چطورید؟
Quoi de neuf?	če xabar?	چه خبر؟
Au revoir! (form.)	xodāhāfez	خداحافظ
Au revoir! (fam.)	bāy bāy	بای بای
À bientôt!	be omid-e didār!	به امید دیدار!
Adieu!	xodāhāfez!	خداحافظ!
dire au revoir	xodāhāfezi kardan	خداحافظی کردن
Salut! (À bientôt!)	tā bezudi!	تا بزودی!
Merci!	motešakker-am!	متشکرم!
Merci beaucoup!	besyār motešakker-am!	بسیار متشکرم!
Je vous en prie	xāheš mikonam	خواهش می کنم
Il n'y a pas de quoi	tašakkor lāzem nist	تشکر لازم نیست
Pas de quoi	qābel-i nadārad	قابلی ندارد
Excuse-moi!	bebaxšid!	ببخشید!
excuser (vt)	baxšidan	بخشیدن
s'excuser (vp)	ozr xāstan	عذر خواستن
Mes excuses	ozr mixāham	عذرمی خواهم
Pardonnez-moi!	bebaxšid!	ببخشید!

pardonner (vt)	baxšidan	بخشیدن
C'est pas grave	mohem nist	مهم نیست
s'il vous plaît	lotfan	لطفاً
N'oubliez pas!	farāmuš nakonid!	!فراموش نکنید
Bien sûr!	albate!	!البته
Bien sûr que non!	albate ke neh!	!البته که نه
D'accord!	besyār xob!	!بسیارخوب
Ça suffit!	bas ast!	!بس است

3. Les questions

Qui?	če kas-i?	چه کسی؟
Quoi?	če čiz-i?	چه چیزی؟
Où? (~ es-tu?)	kojā?	کجا؟
Où? (~ vas-tu?)	kojā?	کجا؟
D'où?	az kojā?	از کجا؟
Quand?	če vaqt?	چه وقت؟
Pourquoi? (~ es-tu venu?)	čerā?	چرا؟
Pourquoi? (~ t'es pâle?)	čerā?	چرا؟
À quoi bon?	barā-ye če?	برای چه؟
Comment?	četor?	چطور؟
Quel? (à ~ prix?)	kodām?	کدام؟
Lequel?	kodām?	کدام؟
À qui? (pour qui?)	barā-ye ki?	برای کی؟
De qui?	dar bāre-ye ki?	درباره کی؟
De quoi?	darbāre-ye či?	درباره چی؟
Avec qui?	bā ki?	با کی؟
Combien?	čeqadr?	چقدر؟
À qui?	māl-e ki?	مال کی؟

4. Les prépositions

avec (~ toi)	bā	با
sans (~ sucre)	bedune	بدون
à (aller ~ ...)	be	به
de (au sujet de)	rāje' be	راجع به
avant (~ midi)	piš az	پیش از
devant (~ la maison)	dar moqābel	در مقابل
sous (~ la commode)	zir	زیر
au-dessus de ...	bālā-ye	بالای
sur (dessus)	ruy	روی
de (venir ~ Paris)	az	از
en (en bois, etc.)	az	از

| dans (~ deux heures) | tā | تا |
| par dessus | az bālāye | از بالای |

5. Les mots-outils. Les adverbes. Partie 1

Où? (~ es-tu?)	kojā?	کجا؟
ici (c'est ~)	in jā	این جا
là-bas (c'est ~)	ānjā	آنجا

| quelque part (être) | jā-yi | جایی |
| nulle part (adv) | hič kojā | هیچ کجا |

| près de ... | nazdik | نزدیک |
| près de la fenêtre | nazdik panjere | نزدیک پنجره |

Où? (~ vas-tu?)	kojā?	کجا؟
ici (Venez ~)	in jā	این جا
là-bas (j'irai ~)	ānjā	آنجا
d'ici (adv)	az injā	از اینجا
de là-bas (adv)	az ānjā	از آنجا

| près (pas loin) | nazdik | نزدیک |
| loin (adv) | dur | دور |

près de (~ Paris)	nazdik	نزدیک
tout près (adv)	nazdik	نزدیک
pas loin (adv)	nazdik	نزدیک

gauche (adj)	čap	چپ
à gauche (être ~)	dast-e čap	دست چپ
à gauche (tournez ~)	be čap	به چپ

droit (adj)	rāst	راست
à droite (être ~)	dast-e rāst	دست راست
à droite (tournez ~)	be rāst	به راست

devant (adv)	jelo	جلو
de devant (adj)	jelo	جلو
en avant (adv)	jelo	جلو

derrière (adv)	aqab	عقب
par derrière (adv)	az aqab	از عقب
en arrière (regarder ~)	aqab	عقب

| milieu (m) | vasat | وسط |
| au milieu (adv) | dar vasat | در وسط |

de côté (vue ~)	pahlu	پهلو
partout (adv)	hame jā	همه جا
autour (adv)	atrāf	اطراف

de l'intérieur	az daxel	از داخل
quelque part (aller)	jā-yi	جایی
tout droit (adv)	mostaqim	مستقیم
en arrière (revenir ~)	aqab	عقب
de quelque part (n'import d'où)	az har jā	از هر جا
de quelque part (on ne sait pas d'où)	az yek jā-yi	از یک جایی
premièrement (adv)	avvalan	اولاً
deuxièmement (adv)	dumā	دوما
troisièmement (adv)	sālesan	ثالثاً
soudain (adv)	nāgahān	ناگهان
au début (adv)	dar avval	در اول
pour la première fois	barā-ye avvalin bār	برای اولین بار
bien avant ...	xeyli vaqt piš	خیلی وقت پیش
de nouveau (adv)	az now	از نو
pour toujours (adv)	barā-ye hamiše	برای همیشه
jamais (adv)	hič vaqt	هیچ وقت
de nouveau, encore (adv)	dobāre	دوباره
maintenant (adv)	alān	الان
souvent (adv)	aqlab	اغلب
alors (adv)	ān vaqt	آن وقت
d'urgence (adv)	foran	فوراً
d'habitude (adv)	ma'mulan	معمولاً
à propos, ...	rāst-i	راستی
c'est possible	momken ast	ممکن است
probablement (adv)	ehtemālan	احتمالاً
peut-être (adv)	šāyad	شاید
en plus, ...	bealāve	بعلاوه
c'est pourquoi ...	be hamin xāter	به همین خاطر
malgré ...	alāraqm	علیرغم
grâce à ...	be lotf	به لطف
quoi (pron)	če?	چه؟
que (conj)	ke	که
quelque chose (Il m'est arrivé ~)	yek čiz-i	یک چیزی
quelque chose (peut-on faire ~)	yek kāri	یک کاری
rien (m)	hič čiz	هیچ چیز
qui (pron)	ki	کی
quelqu'un (on ne sait pas qui)	yek kas-i	یک کسی
quelqu'un (n'importe qui)	yek kas-i	یک کسی
personne (pron)	hič kas	هیچ کس
nulle part (aller ~)	hič kojā	هیچ کجا

| de personne | māl-e hičkas | مال هیچ کس |
| de n'importe qui | har kas-i | هر کسی |

comme ça (adv)	xeyli	خیلی
également (adv)	ham	هم
aussi (adv)	ham	هم

6. Les mots-outils. Les adverbes. Partie 2

Pourquoi?	čerā?	چرا؟
pour une certaine raison	be dalil-i	به دلیلی
parce que ...	čon	چون
pour une raison quelconque	barā-ye maqsudi	برای مقصودی

et (conj)	va	و
ou (conj)	yā	یا
mais (conj)	ammā	اما
pour ... (prep)	barā-ye	برای

trop (adv)	besyār	بسیار
seulement (adv)	faqat	فقط
précisément (adv)	daqiqan	دقیقا
près de ... (prep)	taqriban	تقریباً

approximativement	taqriban	تقریباً
approximatif (adj)	taqribi	تقریبی
presque (adv)	taqriban	تقریباً
reste (m)	baqiye	بقیه

l'autre (adj)	digar	دیگر
autre (adj)	digar	دیگر
chaque (adj)	har	هر
n'importe quel (adj)	har	هر
beaucoup (adv)	ziyād	زیاد
plusieurs (pron)	besyāri	بسیاری
tous	hame	همه

en échange de ...	dar avaz	در عوض
en échange (adv)	dar barābar	در برابر
à la main (adv)	dasti	دستی
peu probable (adj)	baid ast	بعید است

probablement (adv)	ehtemālan	احتمالاً
exprès (adv)	amdan	عمداً
par accident (adv)	tasādofi	تصادفی

très (adv)	besyār	بسیار
par exemple (adv)	masalan	مثلاً
entre (prep)	beyn	بین

parmi (prep)	miyān	ميان
autant (adv)	in qadr	اين قدر
surtout (adv)	maxsusan	مخصوصاً

T&P BOOKS

NOMBRES. DIVERS

T&P Books Publishing

zéro	sefr	صفر
un	yek	یک
deux	do	دو
trois	se	سه
quatre	čāhār	چهار
cinq	panj	پنج
six	šeš	شش
sept	haft	هفت
huit	hašt	هشت
neuf	neh	نه
dix	dah	ده
onze	yāzdah	یازده
douze	davāzdah	دوازده
treize	sizdah	سیزده
quatorze	čāhārdah	چهارده
quinze	pānzdah	پانزده
seize	šānzdah	شانزده
dix-sept	hefdah	هفده
dix-huit	hijdah	هیجده
dix-neuf	nuzdah	نوزده
vingt	bist	بیست
vingt et un	bist-o yek	بیست ویک
vingt-deux	bist-o do	بیست ودو
vingt-trois	bist-o se	بیست وسه
trente	si	سی
trente et un	si-yo yek	سی ویک
trente-deux	si-yo do	سی ودو
trente-trois	si-yo se	سی وسه
quarante	čehel	چهل
quarante et un	čehel-o yek	چهل ویک
quarante-deux	čehel-o do	چهل ودو
quarante-trois	čehel-o se	چهل وسه
cinquante	panjāh	پنجاه
cinquante et un	panjāh-o yek	پنجاه ویک
cinquante-deux	panjāh-o do	پنجاه ودو
cinquante-trois	panjāh-o se	پنجاه وسه
soixante	šast	شصت

soixante et un	šast-o yek	شصت ویک
soixante-deux	šast-o do	شصت ودو
soixante-trois	šast-o se	شصت وسه
soixante-dix	haftād	هفتاد
soixante et onze	haftād-o yek	هفتاد ویک
soixante-douze	haftād-o do	هفتاد ودو
soixante-treize	haftād-o se	هفتاد وسه
quatre-vingts	haštād	هشتاد
quatre-vingt et un	haštād-o yek	هشتاد ویک
quatre-vingt deux	haštād-o do	هشتاد ودو
quatre-vingt trois	haštād-o se	هشتاد وسه
quatre-vingt-dix	navad	نود
quatre-vingt et onze	navad-o yek	نود ویک
quatre-vingt-douze	navad-o do	نود ودو
quatre-vingt-treize	navad-o se	نود وسه

8. Les nombres cardinaux. Partie 2

cent	sad	صد
deux cents	devist	دویست
trois cents	sisad	سیصد
quatre cents	čāhārsad	چهارصد
cinq cents	pānsad	پانصد
six cents	šeššad	ششصد
sept cents	haftsad	هفتصد
huit cents	haštsad	هشتصد
neuf cents	nohsad	نهصد
mille	hezār	هزار
deux mille	dohezār	دوهزار
trois mille	se hezār	سه هزار
dix mille	dah hezār	ده هزار
cent mille	sad hezār	صد هزار
million (m)	milyun	میلیون
milliard (m)	milyārd	میلیارد

9. Les nombres ordinaux

premier (adj)	avvalin	اولین
deuxième (adj)	dovvomin	دومین
troisième (adj)	sevvomin	سومین
quatrième (adj)	čāhāromin	چهارمین
cinquième (adj)	panjomin	پنجمین
sixième (adj)	šešomin	ششمین

septième (adj)	haftomin	هفتمین
huitième (adj)	haštomin	هشتمین
neuvième (adj)	nohomin	نهمین
dixième (adj)	dahomin	دهمین

LES COULEURS.
LES UNITÉS DE MESURE

T&P Books Publishing

10. Les couleurs

couleur (f)	rang	رنگ
teinte (f)	teyf-e rang	طیف رنگ
ton (m)	rangmaye	رنگمایه
arc-en-ciel (m)	rangin kamān	رنگین کمان
blanc (adj)	sefid	سفید
noir (adj)	siyāh	سیاه
gris (adj)	xākestari	خاکستری
vert (adj)	sabz	سبز
jaune (adj)	zard	زرد
rouge (adj)	sorx	سرخ
bleu (adj)	abi	آبی
bleu clair (adj)	ābi rowšan	آبی روشن
rose (adj)	surati	صورتی
orange (adj)	nārenji	نارنجی
violet (adj)	banafš	بنفش
brun (adj)	qahve i	قهوه ای
d'or (adj)	talāyi	طلایی
argenté (adj)	noqre i	نقره ای
beige (adj)	baž	بژ
crème (adj)	kerem	کرم
turquoise (adj)	firuze i	فیروزه ای
rouge cerise (adj)	ālbāluyi	آلبالویی
lilas (adj)	banafš yasi	بنفش یاسی
framboise (adj)	zereški	زرشکی
clair (adj)	rowšan	روشن
foncé (adj)	tire	تیره
vif (adj)	rowšan	روشن
de couleur (adj)	rangi	رنگی
en couleurs (adj)	rangi	رنگی
noir et blanc (adj)	siyāh-o sefid	سیاه و سفید
unicolore (adj)	yek rang	یک رنگ
multicolore (adj)	rangārang	رنگارنگ

11. Les unités de mesure

poids (m)	vazn	وزن
longueur (f)	tul	طول

largeur (f)	arz	عرض
hauteur (f)	ertefā'	ارتفاع
profondeur (f)	omq	عمق
volume (m)	hajm	حجم
aire (f)	masāhat	مساحت

gramme (m)	garm	گرم
milligramme (m)	mili geram	میلی گرم
kilogramme (m)	kilugeram	کیلوگرم
tonne (f)	ton	تن
livre (f)	pond	پوند
once (f)	ons	اونس

mètre (m)	metr	متر
millimètre (m)	mili metr	میلی متر
centimètre (m)	sāntimetr	سانتیمتر
kilomètre (m)	kilumetr	کیلومتر
mille (m)	māyel	مایل

pouce (m)	inč	اینچ
pied (m)	fowt	فوت
yard (m)	yārd	یارد

mètre (m) carré	metr morabba'	متر مربع
hectare (m)	hektār	هکتار
litre (m)	litr	لیتر
degré (m)	daraje	درجه
volt (m)	volt	ولت
ampère (m)	āmper	آمپر
cheval-vapeur (m)	asb-e boxār	اسب بخار

quantité (f)	meqdār	مقدار
un peu de …	kami	کمی
moitié (f)	nim	نیم
douzaine (f)	dojin	دوجین
pièce (f)	tā	تا

| dimension (f) | andāze | اندازه |
| échelle (f) (de la carte) | meqyās | مقیاس |

minimal (adj)	haddeaqal	حداقل
le plus petit (adj)	kučaktarin	کوچکترین
moyen (adj)	motevasset	متوسط
maximal (adj)	haddeaksar	حداکثر
le plus grand (adj)	bištarin	بیشترین

12. Les récipients

| bocal (m) en verre | šišeh konserv | شیشه کنسرو |
| boîte, canette (f) | quti | قوطی |

seau (m)	satl	سطل
tonneau (m)	boške	بشکه
bassine, cuvette (f)	tašt	تشت
cuve (f)	maxzan	مخزن
flasque (f)	qomqome	قمقمه
jerrican (m)	dabbe	دبه
citerne (f)	maxzan	مخزن
tasse (f), mug (m)	livān	لیوان
tasse (f)	fenjān	فنجان
soucoupe (f)	na'lbeki	نعلبکی
verre (m) (~ d'eau)	estekān	استکان
verre (m) à vin	gilās-e šarāb	گیلاس شراب
faitout (m)	qāblame	قابلمه
bouteille (f)	botri	بطری
goulot (m)	gardan-e botri	گردن بطری
carafe (f)	tong	تنگ
pichet (m)	pārč	پارچ
récipient (m)	zarf	ظرف
pot (m)	sofāl	سفال
vase (m)	goldān	گلدان
flacon (m)	botri	بطری
fiole (f)	viyāl	ویال
tube (m)	tiyub	تیوب
sac (m) (grand ~)	kise	کیسه
sac (m) (~ en plastique)	pākat	پاکت
paquet (m) (~ de cigarettes)	baste	بسته
boîte (f)	ja'be	جعبه
caisse (f)	sanduq	صندوق
panier (m)	sabad	سبد

LES VERBES
LES PLUS IMPORTANTS

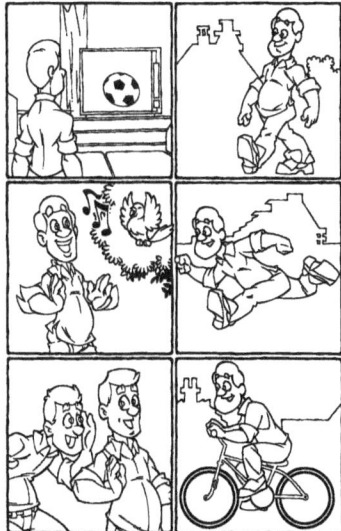

T&P Books Publishing

aider (vt)	komak kardan	کمک کردن
aimer (qn)	dust dāštan	دوست داشتن
aller (à pied)	raftan	رفتن
apercevoir (vt)	motevajjeh šodan	متوجه شدن
appartenir à ...	ta'alloq dāštan	تعلق داشتن
appeler (au secours)	komak xāstan	کمک خواستن
attendre (vt)	montazer budan	منتظر بودن
attraper (vt)	gereftan	گرفتن
avertir (vt)	hošdār dādan	هشدار دادن
avoir (vt)	dāštan	داشتن
avoir confiance	etminān kardan	اطمینان کردن
avoir faim	gorosne budan	گرسنه بودن
avoir peur	tarsidan	ترسیدن
avoir soif	tešne budan	تشنه بودن
cacher (vt)	penhān kardan	پنهان کردن
casser (briser)	šekastan	شکستن
cesser (vt)	bas kardan	بس کردن
changer (vt)	avaz kardan	عوض کردن
chasser (animaux)	šekār kardan	شکار کردن
chercher (vt)	jostoju kardan	جستجو کردن
choisir (vt)	entexāb kardan	انتخاب کردن
commander (~ le menu)	sefāreš dādan	سفارش دادن
commencer (vt)	šoru' kardan	شروع کردن
comparer (vt)	moqāyse kardan	مقایسه کردن
comprendre (vt)	fahmidan	فهمیدن
compter (dénombrer)	šemordan	شمردن
compter sur ...	hesāb kardan	حساب کردن
confondre (vt)	qāti kardan	قاطی کردن
connaître (qn)	šenāxtan	شناختن
conseiller (vt)	nasihat kardan	نصیحت کردن
continuer (vt)	edāme dādan	ادامه دادن
contrôler (vt)	kontorol kardan	کنترل کردن
courir (vi)	davidan	دویدن
coûter (vt)	qeymat dāštan	قیمت داشتن
créer (vt)	ijād kardan	ایجاد کردن
creuser (vt)	kandan	کندن
crier (vi)	faryād zadan	فریاد زدن

14. Les verbes les plus importants. Partie 2

décorer (~ la maison)	tazyin kardan	تزیین کردن
défendre (vt)	defâ' kardan	دفاع کردن
déjeuner (vi)	nâhâr xordan	ناهار خوردن
demander (~ l'heure)	porsidan	پرسیدن
demander (de faire qch)	xāstan	خواستن
descendre (vi)	pāyin āmadan	پایین آمدن
deviner (vt)	hads zadan	حدس زدن
dîner (vi)	šām xordan	شام خوردن
dire (vt)	goftan	گفتن
diriger (~ une usine)	edāre kardan	اداره کردن
discuter (vt)	bahs kardan	بحث کردن
donner (vt)	dādan	دادن
donner un indice	sarnax dādan	سرنخ دادن
douter (vt)	šok dāštan	شک داشتن
écrire (vt)	neveštan	نوشتن
entendre (bruit, etc.)	šenidan	شنیدن
entrer (vi)	vāred šodan	وارد شدن
envoyer (vt)	ferestādan	فرستادن
espérer (vi)	omid dāštan	امید داشتن
essayer (vt)	talāš kardan	تلاش کردن
être (vi)	budan	بودن
être d'accord	movāfeqat kardan	موافقت کردن
être nécessaire	hāmi budan	حامی بودن
être pressé	ajale kardan	عجله کردن
étudier (vt)	dars xāndan	درس خواندن
excuser (vt)	baxšidan	بخشیدن
exiger (vt)	darxāst kardan	درخواست کردن
exister (vi)	vojud dāštan	وجود داشتن
expliquer (vt)	touzih dādan	توضیح دادن
faire (vt)	anjām dādan	انجام دادن
faire tomber	andāxtan	انداختن
finir (vt)	be pāyān resāndan	به پایان رساندن
garder (conserver)	hefz kardan	حفظ کردن
gronder, réprimander (vt)	da'vā kardan	دعوا کردن
informer (vt)	āgah kardan	آگاه کردن
insister (vi)	esrār kardan	اصرار کردن
insulter (vt)	towhin kardan	توهین کردن
inviter (vt)	da'vat kardan	دعوت کردن
jouer (s'amuser)	bāzi kardan	بازی کردن

15. Les verbes les plus importants. Partie 3

libérer (ville, etc.)	āzād kardan	آزاد کردن
lire (vi, vt)	xāndan	خواندن
louer (prendre en location)	ejāre kardan	اجاره کردن
manquer (l'école)	qāyeb budan	غایب بودن
menacer (vt)	tahdid kardan	تهدید کردن

mentionner (vt)	zekr kardan	ذکر کردن
montrer (vt)	nešān dādan	نشان دادن
nager (vi)	šenā kardan	شنا کردن
objecter (vt)	moxalefat kardan	مخالفت کردن
observer (vt)	mošāhede kardan	مشاهده کردن

ordonner (mil.)	farmān dādan	فرمان دادن
oublier (vt)	farāmuš kardan	فراموش کردن
ouvrir (vt)	bāz kardan	باز کردن
pardonner (vt)	baxšidan	بخشیدن
parler (vi, vt)	harf zadan	حرف زدن

participer à …	šerekat kardan	شرکت کردن
payer (régler)	pardāxtan	پرداختن
penser (vi, vt)	fekr kardan	فکر کردن
permettre (vt)	ejāze dādan	اجازه دادن
plaire (être apprécié)	dust dāštan	دوست داشتن

plaisanter (vi)	šuxi kardan	شوخی کردن
planifier (vt)	barnāmerizi kardan	برنامه ریزی کردن
pleurer (vi)	gerye kardan	گریه کردن
posséder (vt)	sāheb budan	صاحب بودن
pouvoir (v aux)	tavānestan	توانستن
préférer (vt)	tarjih dādan	ترجیح دادن

prendre (vt)	bardāštan	برداشتن
prendre en note	neveštan	نوشتن
prendre le petit déjeuner	sobhāne xordan	صبحانه خوردن
préparer (le dîner)	poxtan	پختن
prévoir (vt)	pišbini kardan	پیش بینی کردن

prier (~ Dieu)	do'ā kardan	دعا کردن
promettre (vt)	qowl dādan	قول دادن
prononcer (vt)	talaffoz kardan	تلفظ کردن
proposer (vt)	pišnahād dādan	پیشنهاد دادن
punir (vt)	tanbih kardan	تنبیه کردن

16. Les verbes les plus importants. Partie 4

| recommander (vt) | towsie kardan | توصیه کردن |
| regretter (vt) | afsus xordan | افسوس خوردن |

répéter (dire encore)	tekrār kardan	تکرار کردن
répondre (vi, vt)	javāb dādan	جواب دادن
réserver (une chambre)	rezerv kardan	رزرو کردن
rester silencieux	sāket māndan	ساکت ماندن
réunir (regrouper)	mottahed kardan	متحد کردن
rire (vi)	xandidan	خندیدن
s'arrêter (vp)	motevaghef šhodan	متوقف شدن
s'asseoir (vp)	nešastan	نشستن
sauver (la vie à qn)	najāt dādan	نجات دادن
savoir (qch)	dānestan	دانستن
se baigner (vp)	ābtani kardan	آبتنی کردن
se plaindre (vp)	šekāyat kardan	شکایت کردن
se refuser (vp)	rad kardan	رد کردن
se tromper (vp)	eštebāh kardan	اشتباه کردن
se vanter (vp)	be rox kešidan	به رخ کشیدن
s'étonner (vp)	mote'ajjeb šodan	متعجب شدن
s'excuser (vp)	ozr xāstan	عذر خواستن
signer (vt)	emzā kardan	امضا کردن
signifier (vt)	ma'ni dāštan	معنی داشتن
s'intéresser (vp)	alāqe dāštan	علاقه داشتن
sortir (aller dehors)	birun raftan	بیرون رفتن
sourire (vi)	labxand zadan	لبخند زدن
sous-estimer (vt)	dast-e kam gereftan	دست کم گرفتن
suivre ... (suivez-moi)	donbāl kardan	دنبال کردن
tirer (vi)	tirandāzi kardan	تیراندازی کردن
tomber (vi)	oftādan	افتادن
toucher (avec les mains)	lams kardan	لمس کردن
tourner (~ à gauche)	pičidan	پیچیدن
traduire (vt)	tarjome kardan	ترجمه کردن
travailler (vi)	kār kardan	کار کردن
tromper (vt)	farib dādan	فریب دادن
trouver (vt)	peydā kardan	پیدا کردن
tuer (vt)	koštan	کشتن
vendre (vt)	foruxtan	فروختن
venir (vi)	residan	رسیدن
voir (vt)	didan	دیدن
voler (avion, oiseau)	parvāz kardan	پرواز کردن
voler (qch à qn)	dozdidan	دزدیدن
vouloir (vt)	xāstan	خواستن

LA NOTION DE TEMPS. LE CALENDRIER

T&P Books Publishing

17. Les jours de la semaine

lundi (m)	došanbe	دوشنبه
mardi (m)	se šanbe	سه شنبه
mercredi (m)	čāhāršanbe	چهارشنبه
jeudi (m)	panj šanbe	پنج شنبه
vendredi (m)	jom'e	جمعه
samedi (m)	šanbe	شنبه
dimanche (m)	yek šanbe	یک شنبه

aujourd'hui (adv)	emruz	امروز
demain (adv)	fardā	فردا
après-demain (adv)	pas fardā	پس فردا
hier (adv)	diruz	دیروز
avant-hier (adv)	pariruz	پریروز

jour (m)	ruz	روز
jour (m) ouvrable	ruz-e kāri	روز کاری
jour (m) férié	ruz-e jašn	روز جشن
jour (m) de repos	ruz-e ta'til	روز تعطیل
week-end (m)	āxar-e hafte	آخر هفته

toute la journée	tamām-e ruz	تمام روز
le lendemain	ruz-e ba'd	روز بعد
il y a 2 jours	do ruz-e piš	دو روز پیش
la veille	ruz-e qabl	روز قبل
quotidien (adj)	ruzāne	روزانه
tous les jours	har ruz	هر روز

semaine (f)	hafte	هفته
la semaine dernière	hafte-ye gozašte	هفته گذشته
la semaine prochaine	hafte-ye āyande	هفته آینده
hebdomadaire (adj)	haftegi	هفتگی
chaque semaine	har hafte	هر هفته
2 fois par semaine	do bār dar hafte	دو بار درهفته
tous les mardis	har sešanbe	هر سه شنبه

18. Les heures. Le jour et la nuit

matin (m)	sobh	صبح
le matin	sobh	صبح
midi (m)	zohr	ظهر
dans l'après-midi	ba'd az zohr	بعد ازظهر
soir (m)	asr	عصر

le soir	asr	عصر
nuit (f)	šab	شب
la nuit	šab	شب
minuit (f)	nesfe šab	نصفه شب

seconde (f)	sānie	ثانیه
minute (f)	daqiqe	دقیقه
heure (f)	sā'at	ساعت
demi-heure (f)	nim sā'at	نیم ساعت
un quart d'heure	yek rob'	یک ربع
quinze minutes	pānzdah daqiqe	پانزده دقیقه
vingt-quatre heures	šabāne ruz	شبانه روز

lever (m) du soleil	tolu-'e āftāb	طلوع آفتاب
aube (f)	sahar	سحر
point (m) du jour	sobh-e zud	صبح زود
coucher (m) du soleil	qorub	غروب

tôt le matin	sobh-e zud	صبح زود
ce matin	emruz sobh	امروز صبح
demain matin	fardā sobh	فردا صبح

cet après-midi	emruz zohr	امروز ظهر
dans l'après-midi	ba'd az zohr	بعد ازظهر
demain après-midi	fardā ba'd az zohr	فردا بعد ازظهر

| ce soir | emšab | امشب |
| demain soir | fardā šab | فردا شب |

à 3 heures précises	sar-e sā'at-e se	سر ساعت ٣
autour de 4 heures	nazdik-e sā'at-e čāhār	نزدیک ساعت ۴
vers midi	nazdik zohr	نزدیک ظهر

dans 20 minutes	bist daqiqe-ye digar	۲۰ دقیقه دیگر
dans une heure	yek sā'at-e digar	یک ساعت دیگر
à temps	be moqe'	به موقع

... moins le quart	yek rob' be	یک ربع به
en une heure	yek sā'at-e digar	یک ساعت دیگر
tous les quarts d'heure	har pānzdah daqiqe	هر ۵۱ دقیقه
24 heures sur 24	šabāne ruz	شبانه روز

19. Les mois. Les saisons

janvier (m)	žānvie	ژانویه
février (m)	fevriye	فوریه
mars (m)	mārs	مارس
avril (m)	āvril	آوریل
mai (m)	meh	مه
juin (m)	žuan	ژوئن

juillet (m)	žuiye	ژوئیه
août (m)	owt	اوت
septembre (m)	septāmbr	سپتامبر
octobre (m)	oktobr	اکتبر
novembre (m)	novāmbr	نوامبر
décembre (m)	desāmr	دسامبر
printemps (m)	bahār	بهار
au printemps	dar bahār	در بهار
de printemps (adj)	bahāri	بهاری
été (m)	tābestān	تابستان
en été	dar tābestān	در تابستان
d'été (adj)	tābestāni	تابستانی
automne (m)	pāyiz	پاییز
en automne	dar pāyiz	در پاییز
d'automne (adj)	pāyizi	پاییزی
hiver (m)	zemestān	زمستان
en hiver	dar zemestān	در زمستان
d'hiver (adj)	zemestāni	زمستانی
mois (m)	māh	ماه
ce mois	in māh	این ماه
le mois prochain	māh-e āyande	ماه آینده
le mois dernier	māh-e gozašte	ماه گذشته
il y a un mois	yek māh qabl	یک ماه قبل
dans un mois	yek māh digar	یک ماه دیگر
dans 2 mois	do māh-e digar	۲ماه دیگر
tout le mois	tamām-e māh	تمام ماه
tout un mois	tamām-e māh	تمام ماه
mensuel (adj)	māhāne	ماهانه
mensuellement	māhāne	ماهانه
chaque mois	har māh	هر ماه
2 fois par mois	do bār dar māh	دو بار درماه
année (f)	sāl	سال
cette année	emsāl	امسال
l'année prochaine	sāl-e āyande	سال آینده
l'année dernière	sāl-e gozašte	سال گذشته
il y a un an	yek sāl qabl	یک سال قبل
dans un an	yek sāl-e digar	یک سال دیگر
dans 2 ans	do sāl-e digar	۲سال دیگر
toute l'année	tamām-e sāl	تمام سال
toute une année	tamām-e sāl	تمام سال
chaque année	har sāl	هر سال
annuel (adj)	sālāne	سالانه

annuellement	sālāne	سالانه
4 fois par an	čāhār bār dar sāl	چهار بار در سال
date (f) (jour du mois)	tārix	تاریخ
date (f) (~ mémorable)	tārix	تاریخ
calendrier (m)	taqvim	تقویم
six mois	nim sāl	نیم سال
semestre (m)	nim sāl	نیم سال
saison (f)	fasl	فصل
siècle (m)	qarn	قرن

T&P BOOKS

LES VOYAGES. L'HÔTEL

T&P Books Publishing

20. Les voyages. Les excursions

tourisme (m)	gardešgari	گردشگری
touriste (m)	turist	توریست
voyage (m) (à l'étranger)	mosāferat	مسافرت
aventure (f)	mājarā	ماجرا
voyage (m)	safar	سفر
vacances (f pl)	moraxxasi	مرخصی
être en vacances	dar moraxassi budan	در مرخصی بودن
repos (m) (jours de ~)	esterāhat	استراحت
train (m)	qatār	قطار
en train	bā qatār	با قطار
avion (m)	havāpeymā	هواپیما
en avion	bā havāpeymā	با هواپیما
en voiture	bā otomobil	با اتومبیل
en bateau	dar kešti	با کشتی
bagage (m)	bār	بار
malle (f)	čamedān	چمدان
chariot (m)	čarx-e hamle bar	چرخ حمل بار
passeport (m)	gozarnāme	گذرنامه
visa (m)	ravādid	روادید
ticket (m)	belit	بلیط
billet (m) d'avion	belit-e havāpeymā	بلیط هواپیما
guide (m) (livre)	ketāb-e rāhnamā	کتاب راهنما
carte (f)	naqše	نقشه
région (f) (~ rurale)	mahal	محل
endroit (m)	jā	جا
exotisme (m)	qarāyeb	غرایب
exotique (adj)	qarib	غریب
étonnant (adj)	heyrat angiz	حیرت انگیز
groupe (m)	goruh	گروه
excursion (f)	gardeš	گردش
guide (m) (personne)	rāhnamā-ye tur	راهنمای تور

21. L'hôtel

hôtel (m)	hotel	هتل
motel (m)	motel	متل

3 étoiles	se setāre	سه ستاره
5 étoiles	panj setāre	پنج ستاره
descendre (à l'hôtel)	māndan	ماندن
chambre (f)	otāq	اتاق
chambre (f) simple	otāq-e yeknafare	اتاق یک نفره
chambre (f) double	otāq-e do nafare	اتاق دو نفره
réserver une chambre	otāq rezerv kardan	اتاق رزرو کردن
demi-pension (f)	nim pānsiyon	نیم پانسیون
pension (f) complète	pānsiyon	پانسیون
avec une salle de bain	bā vān	با وان
avec une douche	bā duš	با دوش
télévision (f) par satellite	televiziyon-e māhvārei	تلویزیون ماهواره ای
climatiseur (m)	tahviye-ye matbu'	تهویه مطبوع
serviette (f)	howle	حوله
clé (f)	kelid	کلید
administrateur (m)	edāre-ye konande	اداره کننده
femme (f) de chambre	mostaxdem	مستخدم
porteur (m)	bārbar	باربر
portier (m)	darbān	دربان
restaurant (m)	resturān	رستوران
bar (m)	bār	بار
petit déjeuner (m)	sobhāne	صبحانه
dîner (m)	šām	شام
buffet (m)	bufe	بوفه
hall (m)	lābi	لابی
ascenseur (m)	āsānsor	آسانسور
PRIÈRE DE NE PAS DÉRANGER	mozāhem našavid	مزاحم نشوید
DÉFENSE DE FUMER	sigār kešidan mamnu'	سیگار کشیدن ممنوع

22. Le tourisme

monument (m)	mojassame	مجسمه
forteresse (f)	qal'e	قلعه
palais (m)	kāx	کاخ
château (m)	qal'e	قلعه
tour (f)	borj	برج
mausolée (m)	ārāmgāh	آرامگاه
architecture (f)	me'māri	معماری
médiéval (adj)	qorun-e vasati	قرون وسطی
ancien (adj)	qadimi	قدیمی
national (adj)	melli	ملی

connu (adj)	mašhur	مشهور
touriste (m)	turist	توریست
guide (m) (personne)	rāhnamā-ye tur	راهنمای تور
excursion (f)	gardeš	گردش
montrer (vt)	nešān dādan	نشان دادن
raconter (une histoire)	hekāyat kardan	حکایت کردن
trouver (vt)	peydā kardan	پیدا کردن
se perdre (vp)	gom šodan	گم شدن
plan (m) (du metro, etc.)	naqše	نقشه
carte (f) (de la ville, etc.)	naqše	نقشه
souvenir (m)	sowqāti	سوغاتی
boutique (f) de souvenirs	forušgāh-e sowqāti	فروشگاه سوغاتی
prendre en photo	aks gereftan	عکس گرفتن
se faire prendre en photo	aks gereftan	عکس گرفتن

LES TRANSPORTS

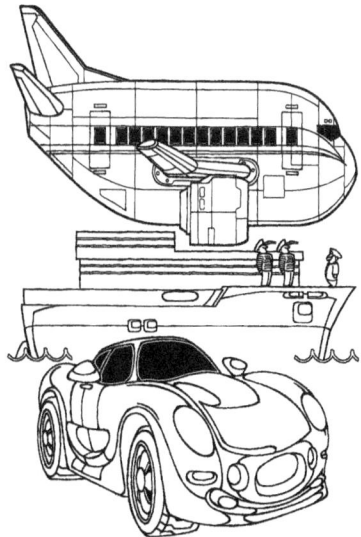

T&P Books Publishing

aéroport (m)	forudgāh	فرودگاه
avion (m)	havāpeymā	هواپیما
compagnie (f) aérienne	šerkat-e havāpeymāyi	شرکت هواپیمایی
contrôleur (m) aérien	ma'mur-e kontorol-e terāfik-e havāyi	مأمور کنترل ترافیک هوایی

départ (m)	azimat	عزیمت
arrivée (f)	vorud	ورود
arriver (par avion)	residan	رسیدن

| temps (m) de départ | zamān-e parvāz | زمان پرواز |
| temps (m) d'arrivée | zamān-e vorud | زمان ورود |

| être retardé | ta'xir kardan | تأخیر کردن |
| retard (m) de l'avion | ta'xir-e parvāz | تأخیر پرواز |

tableau (m) d'informations	tāblo-ye ettelā'āt	تابلوی اطلاعات
information (f)	ettelā'āt	اطلاعات
annoncer (vt)	e'lām kardan	اعلام کردن
vol (m)	parvāz	پرواز

| douane (f) | gomrok | گمرک |
| douanier (m) | ma'mur-e gomrok | مأمور گمرک |

déclaration (f) de douane	ežhār-nāme	اظهارنامه
remplir (vt)	por kardan	پر کردن
remplir la déclaration	ežhār-nāme rā por kardan	اظهارنامه را پر کردن
contrôle (m) de passeport	kontorol-e gozarnāme	کنترل گذرنامه

bagage (m)	bār	بار
bagage (m) à main	bār-e dasti	بار دستی
chariot (m)	čarx-e hamle bar	چرخ حمل بار

atterrissage (m)	forud	فرود
piste (f) d'atterrissage	bānd-e forudgāh	باند فرودگاه
atterrir (vi)	nešastan	نشستن
escalier (m) d'avion	pellekān	پلکان

| enregistrement (m) | ček in | چک این |
| comptoir (m) d'enregistrement | bāje-ye kontorol | باجه کنترل |

s'enregistrer (vp)	čekin kardan	چکاین کردن
carte (f) d'embarquement	kārt-e parvāz	کارت پرواز
porte (f) d'embarquement	gi-yat xoruj	گیت خروج

transit (m)	terānzit	ترانزیت
attendre (vt)	montazer budan	منتظر بودن
salle (f) d'attente	tālār-e entezār	تالار انتظار
raccompagner (à l'aéroport, etc.)	badraqe kardan	بدرقه کردن
dire au revoir	xodāhāfezi kardan	خداحافظی کردن

24. L'avion

avion (m)	havāpeymā	هواپیما
billet (m) d'avion	belit-e havāpeymā	بلیط هواپیما
compagnie (f) aérienne	šerkat-e havāpeymāyi	شرکت هواپیمایی
aéroport (m)	forudgāh	فرودگاه
supersonique (adj)	māvarā sowt	ماوراء صوت

commandant (m) de bord	kāpitān	کاپیتان
équipage (m)	xadame	خدمه
pilote (m)	xalabān	خلبان
hôtesse (f) de l'air	mehmāndār-e havāpeymā	مهماندار هواپیما
navigateur (m)	nāvbar	ناوبر

ailes (f pl)	bāl-hā	بال ها
queue (f)	dam	دم
cabine (f)	kābin	کابین
moteur (m)	motor	موتور
train (m) d'atterrissage	šāssi	شاسی
turbine (f)	turbin	توربین

hélice (f)	parvāne	پروانه
boîte (f) noire	ja'be-ye siyāh	جعبه سیاه
gouvernail (m)	farmān	فرمان
carburant (m)	suxt	سوخت

consigne (f) de sécurité	dasturol'amal	دستورالعمل
masque (m) à oxygène	māsk-e oksižen	ماسک اکسیژن
uniforme (m)	oniform	اونیفورم
gilet (m) de sauvetage	jeliqe-ye nejāt	جلیقهٔ نجات
parachute (m)	čatr-e nejāt	چترنجات

décollage (m)	parvāz	پرواز
décoller (vi)	parvāz kardan	پرواز کردن
piste (f) de décollage	bānd-e forudgāh	باند فرودگاه

visibilité (f)	meydān did	میدان دید
vol (m) (~ d'oiseau)	parvāz	پرواز
altitude (f)	ertefā'	ارتفاع
trou (m) d'air	čāle-ye havāyi	چاله هوایی

| place (f) | jā | جا |
| écouteurs (m pl) | guši | گوشی |

tablette (f)	sini-ye tāšow	سینی تاشو
hublot (m)	panjere	پنجره
couloir (m)	rāhrow	راهرو

25. Le train

train (m)	qatār	قطار
train (m) de banlieue	qatār-e barqi	قطار برقی
TGV (m)	qatār-e sari'osseyr	قطارسریع السیر
locomotive (f) diesel	lokomotiv-e dizel	لوکوموتیو دیزل
locomotive (f) à vapeur	lokomotiv-e boxar	لوکوموتیو بخار

| wagon (m) | vāgon | واگن |
| wagon-restaurant (m) | vāgon-e resturān | واگن رستوران |

rails (m pl)	reyl-hā	ریل ها
chemin (m) de fer	rāh āhan	راه آهن
traverse (f)	reyl-e band	ریل بند

quai (m)	sakku-ye rāh-āhan	سکوی راه آهن
voie (f)	masir	مسیر
sémaphore (m)	nešanar	نشانبر
station (f)	istgāh	ایستگاه

conducteur (m) de train	rānande	راننده
porteur (m)	bārbar	باربر
steward (m)	rāhnamā-ye qatār	راهنمای قطار
passager (m)	mosāfer	مسافر
contrôleur (m) de billets	kontorol či	کنترل چی

| couloir (m) | rāhrow | راهرو |
| frein (m) d'urgence | tormoz-e ezterāri | ترمز اضطراری |

compartiment (m)	kupe	کوپه
couchette (f)	taxt-e kupe	تخت کوپه
couchette (f) d'en haut	taxt-e bālā	تخت بالا
couchette (f) d'en bas	taxt-e pāyin	تخت پایین
linge (m) de lit	raxt-e xāb	رخت خواب

ticket (m)	belit	بلیط
horaire (m)	barnāme	برنامه
tableau (m) d'informations	barnāme-ye zamāni	برنامه زمانی

partir (vi)	tark kardan	ترک کردن
départ (m) (du train)	harekat	حرکت
arriver (le train)	residan	رسیدن
arrivée (f)	vorud	ورود

| arriver en train | bā qatār āmadan | با قطار آمدن |
| prendre le train | savār-e qatār šodan | سوار قطار شدن |

descendre du train	az qatār piyāde šodan	از قطار پیاده شدن
accident (m) ferroviaire	sānehe	سانحه
dérailler (vi)	az xat xārej šodan	از خط خارج شدن
locomotive (f) à vapeur	lokomotiv-e boxar	لوکوموتیو بخار
chauffeur (m)	ātaškār	آتشکار
chauffe (f)	ātašdān	آتشدان
charbon (m)	zoqāl sang	زغال سنگ

26. Le bateau

bateau (m)	kešti	کشتی
navire (m)	kešti	کشتی
bateau (m) à vapeur	kešti-ye boxāri	کشتی بخاری
paquebot (m)	qāyeq-e rudxāne	قایق رودخانه
bateau (m) de croisière	kešti-ye tafrihi	کشتی تفریحی
croiseur (m)	razm nāv	رزم ناو
yacht (m)	qāyeq-e tafrihi	قایق تفریحی
remorqueur (m)	yadak keš	یدک کش
péniche (f)	kešti-ye bārkeše yadaki	کشتی بارکش یدکی
ferry (m)	kešti-ye farābar	کشتی فرابر
voilier (m)	kešti-ye bādbāni	کشتی بادبانی
brigantin (m)	košti dozdān daryā-yi	کشتی دزدان دریایی
brise-glace (m)	kešti-ye yaxšekan	کشتی یخ شکن
sous-marin (m)	zirdaryāyi	زیردریایی
canot (m) à rames	qāyeq	قایق
dinghy (m)	qāyeq-e tafrihi	قایق تفریحی
canot (m) de sauvetage	qāyeq-e nejāt	قایق نجات
canot (m) à moteur	qāyeq-e motori	قایق موتوری
capitaine (m)	kāpitān	کاپیتان
matelot (m)	malavān	ملوان
marin (m)	malavān	ملوان
équipage (m)	xadame	خدمه
maître (m) d'équipage	sar malavān	سر ملوان
mousse (m)	šāgerd-e malavān	شاگرد ملوان
cuisinier (m) du bord	āšpaz-e kešti	آشپز کشتی
médecin (m) de bord	pezešk-e kešti	پزشک کشتی
pont (m)	arše-ye kešti	عرشهٔ کشتی
mât (m)	dakal	دکل
voile (f)	bādbān	بادبان
cale (f)	anbār	انبار
proue (f)	sine-ye kešti	سینه کشتی

poupe (f)	aqab kešti	عقب کشتی
rame (f)	pāru	پارو
hélice (f)	parvāne	پروانه
cabine (f)	otāq-e kešti	اتاق کشتی
carré (m) des officiers	otāq-e afsarān	اتاق افسران
salle (f) des machines	motor xāne	موتور خانه
passerelle (f)	pol-e farmāndehi	پل فرماندهی
cabine (f) de T.S.F.	kābin-e bisim	کابین بی سیم
onde (f)	mowj	موج
journal (m) de bord	roxdād nāme	رخداد نامه
longue-vue (f)	teleskop	تلسکوپ
cloche (f)	nāqus	ناقوس
pavillon (m)	parčam	پرچم
grosse corde (f) tressée	tanāb	طناب
nœud (m) marin	gereh	گره
rampe (f)	narde	نرده
passerelle (f)	pol	پل
ancre (f)	langar	لنگر
lever l'ancre	langar kešidan	لنگر کشیدن
jeter l'ancre	langar andāxtan	لنگر انداختن
chaîne (f) d'ancrage	zanjir-e langar	زنجیر لنگر
port (m)	bandar	بندر
embarcadère (m)	eskele	اسکله
accoster (vi)	pahlu gereftan	پهلو گرفتن
larguer les amarres	tark kardan	ترک کردن
voyage (m) (à l'étranger)	mosāferat	مسافرت
croisière (f)	safar-e daryāyi	سفر دریایی
cap (m) (suivre un ~)	masir	مسیر
itinéraire (m)	masir	مسیر
chenal (m)	kešti-ye ru	کشتی رو
bas-fond (m)	mahall-e kam omq	محل کم عمق
échouer sur un bas-fond	be gel nešastan	به گل نشستن
tempête (f)	tufān	طوفان
signal (m)	alāmat	علامت
sombrer (vi)	qarq šodan	غرق شدن
Un homme à la mer!	kas-i dar hāl-e qarq šodan-ast!	!کسی در حال غرق شدن است
SOS (m)	sos	SOS
bouée (f) de sauvetage	kamarband-e nejāt	کمربند نجات

LA VILLE

T&P Books Publishing

autobus (m)	otobus	اتوبوس
tramway (m)	terāmvā	تراموا
trolleybus (m)	otobus-e barqi	اتوبوس برقی
itinéraire (m)	xat	خط
numéro (m)	šomāre	شماره
prendre ...	raftan bā	رفتن با
monter (dans l'autobus)	savār šodan	سوار شدن
descendre de ...	piyāde šodan	پیاده شدن
arrêt (m)	istgāh-e otobus	ایستگاه اتوبوس
arrêt (m) prochain	istgāh-e ba'di	ایستگاه بعدی
terminus (m)	istgāh-e āxar	ایستگاه آخر
horaire (m)	barnāme	برنامه
attendre (vt)	montazer budan	منتظر بودن
ticket (m)	belit	بلیط
prix (m) du ticket	qeymat-e belit	قیمت بلیط
caissier (m)	sanduqdār	صندوقدار
contrôle (m) des tickets	kontorol-e belit	کنترل بلیط
contrôleur (m)	kontorol či	کنترل چی
être en retard	ta'xir dāštan	تأخیرداشتن
rater (~ le train)	az dast dādan	از دست دادن
se dépêcher	ajale kardan	عجله کردن
taxi (m)	tāksi	تاکسی
chauffeur (m) de taxi	rānande-ye tāksi	راننده تاکسی
en taxi	bā tāksi	با تاکسی
arrêt (m) de taxi	istgāh-e tāksi	ایستگاه تاکسی
appeler un taxi	tāksi gereftan	تاکسی گرفتن
prendre un taxi	tāksi gereftan	تاکسی گرفتن
trafic (m)	obur-o morur	عبور و مرور
embouteillage (m)	terāfik	ترافیک
heures (f pl) de pointe	sā'at-e šoluqi	ساعت شلوغی
se garer (vp)	pārk kardan	پارک کردن
garer (vt)	pārk kardan	پارک کردن
parking (m)	pārking	پارکینگ
métro (m)	metro	مترو
station (f)	istgāh	ایستگاه
prendre le métro	bā metro raftan	با مترو رفتن

| train (m) | qatār | قطار |
| gare (f) | istgāh-e rāh-e āhan | ایستگاه راه آهن |

28. La ville. La vie urbaine

ville (f)	šahr	شهر
capitale (f)	pāytaxt	پایتخت
village (m)	rustā	روستا

plan (m) de la ville	naqše-ye šahr	نقشهٔ شهر
centre-ville (m)	markaz-e šahr	مرکز شهر
banlieue (f)	hume-ye šahr	حومهٔ شهر
de banlieue (adj)	hume-ye šahr	حومهٔ شهر

périphérie (f)	hume	حومه
alentours (m pl)	hume	حومه
quartier (m)	mahalle	محله
quartier (m) résidentiel	mahalle-ye maskuni	محلهٔ مسکونی

trafic (m)	obur-o morur	عبور و مرور
feux (m pl) de circulation	čerāq-e rāhnamā	چراغ راهنما
transport (m) urbain	haml-o naql-e šahri	حمل و نقل شهری
carrefour (m)	čahārrāh	چهارراه

passage (m) piéton	xatt-e āber-e piyāde	خط عابرپیاده
passage (m) souterrain	zir-e gozar	زیر گذر
traverser (vt)	obur kardan	عبور کردن
piéton (m)	piyāde	پیاده
trottoir (m)	piyāde row	پیاده رو

pont (m)	pol	پل
quai (m)	xiyābān-e sāheli	خیابان ساحلی
fontaine (f)	češme	چشمه

allée (f)	bāq rāh	باغ راه
parc (m)	pārk	پارک
boulevard (m)	bolvār	بولوار
place (f)	meydān	میدان
avenue (f)	xiyābān	خیابان
rue (f)	xiyābān	خیابان
ruelle (f)	kuče	کوچه
impasse (f)	bon bast	بن بست

maison (f)	xāne	خانه
édifice (m)	sāxtemān	ساختمان
gratte-ciel (m)	āsemānxarāš	آسمانخراش

façade (f)	namā	نما
toit (m)	bām	بام
fenêtre (f)	panjere	پنجره

arc (m)	tāq-e qowsi	طاق قوسی
colonne (f)	sotun	ستون
coin (m)	nabš	نبش
vitrine (f)	vitrin	ویترین
enseigne (f)	tāblo	تابلو
affiche (f)	poster	پوستر
affiche (f) publicitaire	poster-e tabliqāti	پوستر تبلیغاتی
panneau-réclame (m)	bilbord	بیلبورد
ordures (f pl)	āšqāl	آشغال
poubelle (f)	satl-e āšqāl	سطل آشغال
jeter à terre	kasif kardan	کثیف کردن
décharge (f)	jā-ye dafn-e āšqāl	جای دفن آشغال
cabine (f) téléphonique	kābin-e telefon	کابین تلفن
réverbère (m)	tir-e barq	تیر برق
banc (m)	nimkat	نیمکت
policier (m)	polis	پلیس
police (f)	polis	پلیس
clochard (m)	gedā	گدا
sans-abri (m)	bi xānomān	بی خانمان

29. Les institutions urbaines

magasin (m)	maqāze	مغازه
pharmacie (f)	dāruxāne	داروخانه
opticien (m)	eynak foruši	عینک فروشی
centre (m) commercial	markaz-e tejāri	مرکز تجاری
supermarché (m)	supermārket	سوپرمارکت
boulangerie (f)	nānvāyi	نانوایی
boulanger (m)	nānvā	نانوا
pâtisserie (f)	qannādi	قنادی
épicerie (f)	baqqāli	بقالی
boucherie (f)	gušt foruši	گوشت فروشی
magasin (m) de légumes	sabzi foruši	سبزی فروشی
marché (m)	bāzār	بازار
salon (m) de café	kāfe	کافه
restaurant (m)	resturān	رستوران
brasserie (f)	bār	بار
pizzeria (f)	pitzā-foruši	پیتزا فروشی
salon (m) de coiffure	ārāyešgāh	آرایشگاه
poste (f)	post	پست
pressing (m)	xošk-šuyi	خشک‌شویی
atelier (m) de photo	ātolye-ye akkāsi	آتلیهٔ عکاسی

magasin (m) de chaussures	kafš foruši	كفش فروشى
librairie (f)	ketāb-foruši	كتاب فروشى
magasin (m) d'articles de sport	maqāze-ye varzeši	مغازهٔ ورزشى
atelier (m) de retouche	ta'mir-e lebās	تعمير لباس
location (f) de vêtements	kerāye-ye lebās	كرايهٔ لباس
location (f) de films	kerāye-ye film	كرايهٔ فيلم
cirque (m)	sirak	سيرك
zoo (m)	bāq-e vahš	باغ وحش
cinéma (m)	sinamā	سينما
musée (m)	muze	موزه
bibliothèque (f)	ketābxāne	كتابخانه
théâtre (m)	teātr	تئاتر
opéra (m)	operā	اپرا
boîte (f) de nuit	kābāre	كاباره
casino (m)	kāzino	كازينو
mosquée (f)	masjed	مسجد
synagogue (f)	kenešt	كنشت
cathédrale (f)	kelisā-ye jāme'	كليساى جامع
temple (m)	ma'bad	معبد
église (f)	kelisā	كليسا
institut (m)	anistito	انستيتو
université (f)	dānešgāh	دانشگاه
école (f)	madrese	مدرسه
préfecture (f)	ostāndāri	استاندارى
mairie (f)	šahrdāri	شهردارى
hôtel (m)	hotel	هتل
banque (f)	bānk	بانك
ambassade (f)	sefārat	سفارت
agence (f) de voyages	āžāns-e jahāngardi	آژانس جهانگردى
bureau (m) d'information	daftar-e ettelāāt	دفتر اطلاعات
bureau (m) de change	sarrāfi	صرافى
métro (m)	metro	مترو
hôpital (m)	bimārestān	بيمارستان
station-service (f)	pomp-e benzin	پمپ بنزين
parking (m)	pārking	پاركينگ

30. Les enseignes. Les panneaux

enseigne (f)	tāblo	تابلو
pancarte (f)	nevešte	نوشته

poster (m)	poster	پوستر
indicateur (m) de direction	rāhnamā	راهنما
flèche (f)	alāmat	علامت

avertissement (m)	ehtiyāt	احتیاط
panneau d'avertissement	alāmat-e hošdār	علامت هشدار
avertir (vt)	hošdār dādan	هشدار دادن

jour (m) de repos	ruz-e ta'til	روز تعطیل
horaire (m)	jadval	جدول
heures (f pl) d'ouverture	sā'athā-ye kāri	ساعت های کاری

BIENVENUE!	xoš āmadid	خوش آمدید
ENTRÉE	vorud	ورود
SORTIE	xoruj	خروج

POUSSER	hel dādan	هل دادن
TIRER	bekešid	بکشید
OUVERT	bāz	باز
FERMÉ	baste	بسته

FEMMES	zanāne	زنانه
HOMMES	mardāne	مردانه
RABAIS	taxfif	تخفیف
SOLDES	harāj	حراج
NOUVEAU!	jadid	جدید
GRATUIT	majjāni	مجانی

ATTENTION!	tavajjoh	توجه
COMPLET	otāq-e xāli nadārim	اتاق خالی نداریم
RÉSERVÉ	rezerv šode	رزرو شده

| ADMINISTRATION | edāre | اداره |
| RÉSERVÉ AU PERSONNEL | xāse personel | خاص پرسنل |

ATTENTION CHIEN MÉCHANT	movāzeb-e sag bāšid	مواظب سگ باشید
DÉFENSE DE FUMER	sigār kešidan mamnu'	سیگار کشیدن ممنوع
PRIÈRE DE NE PAS TOUCHER	dast nazanid	دست نزنید

DANGEREUX	xatarnāk	خطرناک
DANGER	xatar	خطر
HAUTE TENSION	voltāj bālā	ولتاژ بالا
BAIGNADE INTERDITE	šenā mamnu'	شنا ممنوع
HORS SERVICE	xārāb	خراب

INFLAMMABLE	qābel-e ehterāq	قابل احتراق
INTERDIT	mamnu'	ممنوع
PASSAGE INTERDIT	obur mamnu'	عبور ممنوع
PEINTURE FRAÎCHE	rang-e xis	رنگ خیس

31. Le shopping

acheter (vt)	xarid kardan	خرید کردن
achat (m)	xarid	خرید
faire des achats	xarid kardan	خرید کردن
shopping (m)	xarid	خرید
être ouvert	bāz budan	باز بودن
être fermé	baste budan	بسته بودن
chaussures (f pl)	kafš	کفش
vêtement (m)	lebās	لباس
produits (m pl) de beauté	lavāzem-e ārāyeši	لوازم آرایشی
produits (m pl) alimentaires	mavādd-e qazāyi	مواد غذایی
cadeau (m)	hedye	هدیه
vendeur (m)	forušande	فروشنده
vendeuse (f)	forušande-ye zan	فروشنده زن
caisse (f)	sanduq	صندوق
miroir (m)	āyene	آینه
comptoir (m)	pišxān	پیشخوان
cabine (f) d'essayage	otāq porov	اتاق پرو
essayer (robe, etc.)	emtehān kardan	امتحان کردن
aller bien (robe, etc.)	monāseb budan	مناسب بودن
plaire (être apprécié)	dust dāštan	دوست داشتن
prix (m)	qeymat	قیمت
étiquette (f) de prix	barčasb-e qeymat	برچسب قیمت
coûter (vt)	qeymat dāštan	قیمت داشتن
Combien?	čeqadr?	چقدر؟
rabais (m)	taxfif	تخفیف
pas cher (adj)	arzān	ارزان
bon marché (adj)	arzān	ارزان
cher (adj)	gerān	گران
C'est cher	gerān ast	گران است
location (f)	kerāye	کرایه
louer (une voiture, etc.)	kerāye kardan	کرایه کردن
crédit (m)	vām	وام
à crédit (adv)	xarid-e e'tebāri	خرید اعتباری

T&P BOOKS

LES VÊTEMENTS & LES ACCESSOIRES

T&P Books Publishing

32. Les vêtements d'extérieur

vêtement (m)	lebās	لباس
survêtement (m)	lebās-e ru	لباس رو
vêtement (m) d'hiver	lebās-e zemestāni	لباس زمستانی
manteau (m)	pāltow	پالتو
manteau (m) de fourrure	pālto-ye pustin	پالتوی پوستین
veste (f) de fourrure	kot-e pustin	کت پوستین
manteau (m) de duvet	kāpšan	کاپشن
veste (f) (~ en cuir)	kot	کت
imperméable (m)	bārāni	بارانی
imperméable (adj)	zed-e āb	ضد آب

33. Les vêtements

chemise (f)	pirāhan	پیراهن
pantalon (m)	šalvār	شلوار
jean (m)	jin	جین
veston (m)	kot	کت
complet (m)	kat-o šalvār	کت و شلوار
robe (f)	lebās	لباس
jupe (f)	dāman	دامن
chemisette (f)	boluz	بلوز
veste (f) en laine	jeliqe-ye kešbāf	جلیقه کشباف
jaquette (f), blazer (m)	kot	کت
tee-shirt (m)	tey šarr-at	تی شرت
short (m)	šalvarak	شلوارک
costume (m) de sport	lebās-e varzeši	لباس ورزشی
peignoir (m) de bain	howle-ye hamām	حوله حمام
pyjama (m)	pižāme	پیژامه
chandail (m)	poliver	پلیور
pull-over (m)	poliver	پلیور
gilet (m)	jeliqe	جلیقه
queue-de-pie (f)	kat-e dāman gerd	کت دامن گرد
smoking (m)	esmoking	اسموکینگ
uniforme (m)	oniform	اونیفورم
tenue (f) de travail	lebās-e kār	لباس کار

| salopette (f) | rupuš | روپوش |
| blouse (f) (d'un médecin) | rupuš | روپوش |

34. Les sous-vêtements

sous-vêtements (m pl)	lebās-e zir	لباس زیر
boxer (m)	šort-e bākser	شورت باکسر
slip (m) de femme	šort-e zanāne	شورت زنانه
maillot (m) de corps	zir-e pirāhan-i	زیر پیراهنی
chaussettes (f pl)	jurāb	جوراب

chemise (f) de nuit	lebās-e xāb	لباس خواب
soutien-gorge (m)	sine-ye band	سینه بند
chaussettes (f pl) hautes	sāq	ساق
collants (m pl)	jurāb-e šalvāri	جوراب شلواری
bas (m pl)	jurāb-e sāqeboland	جوراب ساقه بلند
maillot (m) de bain	māyo	مایو

35. Les chapeaux

chapeau (m)	kolāh	کلاه
chapeau (m) feutre	šāpo	شاپو
casquette (f) de base-ball	kolāh beysbāl	کلاه بیس بال
casquette (f)	kolāh-e taxt	کلاه تخت

béret (m)	kolāh barre	کلاه بره
capuche (f)	kolāh-e bārāni	کلاه بارانی
panama (m)	kolāh-e dowre-ye boland	کلاه دوره بلند
bonnet (m) de laine	kolāh-e bāftani	کلاه بافتنی

| foulard (m) | rusari | روسری |
| chapeau (m) de femme | kolāh-e zanāne | کلاه زنانه |

casque (m) (d'ouvriers)	kolāh-e imeni	کلاه ایمنی
calot (m)	kolāh-e pādegān	کلاه پادگان
casque (m) (~ de moto)	kolāh-e imeni	کلاه ایمنی

| melon (m) | kolāh-e namadi | کلاه نمدی |
| haut-de-forme (m) | kolāh-e ostovānei | کلاه استوانه ای |

36. Les chaussures

chaussures (f pl)	kafš	کفش
bottines (f pl)	putin	پوتین
souliers (m pl) (~ plats)	kafš	کفش
bottes (f pl)	čakme	چکمه

chaussons (m pl)	dampāyi	دمپایی
tennis (m pl)	kafš katān-i	کفش کتانی
baskets (f pl)	kafš katān-i	کفش کتانی
sandales (f pl)	sandal	صندل
cordonnier (m)	kaffāš	کفاش
talon (m)	pāšne-ye kafš	پاشنهٔ کفش
paire (f)	yek joft	یک جفت
lacet (m)	band-e kafš	بند کفش
lacer (vt)	band-e kafš bastan	بند کفش بستن
chausse-pied (m)	pāšne keš	پاشنه کش
cirage (m)	vāks	واکس

37. Les accessoires personnels

gants (m pl)	dastkeš	دستکش
moufles (f pl)	dastkeš-e yek angošti	دستکش یک انگشتی
écharpe (f)	šāl-e gardan	شال گردن
lunettes (f pl)	eynak	عینک
monture (f)	qāb	قاب
parapluie (m)	čatr	چتر
canne (f)	asā	عصا
brosse (f) à cheveux	bores-e mu	برس مو
éventail (m)	bādbezan	بادبزن
cravate (f)	kerāvāt	کراوات
nœud papillon (m)	pāpiyon	پاپیون
bretelles (f pl)	band šalvār	بند شلوار
mouchoir (m)	dastmāl	دستمال
peigne (m)	šāne	شانه
barrette (f)	sanjāq-e mu	سنجاق مو
épingle (f) à cheveux	sanjāq-e mu	سنجاق مو
boucle (f)	sagak	سگک
ceinture (f)	kamarband	کمربند
bandoulière (f)	tasme	تسمه
sac (m)	keyf	کیف
sac (m) à main	keyf-e zanāne	کیف زنانه
sac (m) à dos	kule pošti	کولهٔ پشتی

38. Les vêtements. Divers

mode (f)	mod	مد
à la mode (adj)	mod	مد

couturier, créateur de mode	tarrāh-e lebas	طراح لباس
col (m)	yaqe	يقه
poche (f)	jib	جيب
de poche (adj)	jibi	جيبى
manche (f)	āstin	آستين
bride (f)	band-e āviz	بند آويز
braguette (f)	zip	زيپ
fermeture (f) à glissière	zip	زيپ
agrafe (f)	sagak	سگك
bouton (m)	dokme	دكمه
boutonnière (f)	surāx-e dokme	سوراخ دكمه
s'arracher (bouton)	kande šodan	كنده شدن
coudre (vi, vt)	duxtan	دوختن
broder (vt)	golduzi kardan	گلدوزى كردن
broderie (f)	golduzi	گلدوزى
aiguille (f)	suzan	سوزن
fil (m)	nax	نخ
couture (f)	darz	درز
se salir (vp)	kasif šodan	كثيف شدن
tache (f)	lakke	لكه
se froisser (vp)	čoruk šodan	چروك شدن
déchirer (vt)	pāre kardan	پاره كردن
mite (f)	šab parre	شب پره

39. L'hygiène corporelle. Les cosmétiques

dentifrice (m)	xamir-e dandān	خمير دندان
brosse (f) à dents	mesvāk	مسواك
se brosser les dents	mesvāk zadan	مسواك زدن
rasoir (m)	tiq	تيغ
crème (f) à raser	kerem-e riš tarāši	كرم ريش تراشى
se raser (vp)	riš tarāšidan	ريش تراشيدن
savon (m)	sābun	صابون
shampooing (m)	šāmpu	شامپو
ciseaux (m pl)	qeyči	قيچى
lime (f) à ongles	sohan-e nāxon	سوهان ناخن
pinces (f pl) à ongles	nāxon gir	ناخن گير
pince (f) à épiler	mučin	موچين
produits (m pl) de beauté	lavāzem-e ārāyeši	لوازم آرايشى
masque (m) de beauté	māsk	ماسك
manucure (f)	mānikur	مانيكور
se faire les ongles	mānikur kardan	مانيكور كردن

pédicurie (f)	pedikur	پدیکور
trousse (f) de toilette	kife lavāzem-e ārāyeši	کیف لوازم آرایشی
poudre (f)	pudr	پودر
poudrier (m)	ja'be-ye pudr	جعبهٔ پودر
fard (m) à joues	sorxāb	سرخاب
parfum (m)	atr	عطر
eau (f) de toilette	atr	عطر
lotion (f)	losiyon	لوسیون
eau de Cologne (f)	odkolon	اودکلن
fard (m) à paupières	sāye-ye česm	سایه چشم
crayon (m) à paupières	medād čašm	مداد چشم
mascara (m)	rimel	ریمل
rouge (m) à lèvres	mātik	ماتیک
vernis (m) à ongles	lāk-e nāxon	لاک ناخن
laque (f) pour les cheveux	esperey-ye mu	اسپری مو
déodorant (m)	deodyrant	دئودورانت
crème (f)	kerem	کرم
crème (f) pour le visage	kerem-e surat	کرم صورت
crème (f) pour les mains	kerem-e dast	کرم دست
crème (f) anti-rides	kerem-e zedd-e čoruk	کرم ضد چروک
crème (f) de jour	kerem-e ruz	کرم روز
crème (f) de nuit	kerem-e šab	کرم شب
de jour (adj)	ruzāne	روزانه
de nuit (adj)	šab	شب
tampon (m)	tāmpon	تامپون
papier (m) de toilette	kāqaz-e tuālet	کاغذ توالت
sèche-cheveux (m)	sešovār	سشوار

40. Les montres. Les horloges

montre (f)	sā'at-e mŏči	ساعت مچی
cadran (m)	safhe-ye sā'at	صفحهٔ ساعت
aiguille (f)	aqrabe	عقربه
bracelet (m)	band-e sāat	بند ساعت
bracelet (m) (en cuir)	band-e čarmi	بند چرمی
pile (f)	bātri	باطری
être déchargé	tamām šodan bātri	تمام شدن باتری
changer de pile	bātri avaz kardan	باطری عوض کردن
avancer (vi)	jelo oftādan	جلو افتادن
retarder (vi)	aqab māndan	عقب ماندن
pendule (f)	sā'at-e divāri	ساعت دیواری
sablier (m)	sā'at-e šeni	ساعت شنی
cadran (m) solaire	sā'at-e āftābi	ساعت آفتابی

réveil (m)	sā'at-e zang dār	ساعت زنگ دار
horloger (m)	sā'at sāz	ساعت ساز
réparer (vt)	ta'mir kardan	تعمیر کردن

T&P BOOKS

L'EXPÉRIENCE QUOTIDIENNE

T&P Books Publishing

argent (m)	pul	پول
échange (m)	tabdil-e arz	تبدیل ارز
cours (m) de change	nerx-e arz	نرخ ارز
distributeur (m)	xodpardāz	خودپرداز
monnaie (f)	sekke	سکه
dollar (m)	dolār	دلار
euro (m)	yuro	یورو
lire (f)	lire	لیره
mark (m) allemand	mārk	مارک
franc (m)	farānak	فرانک
livre sterling (f)	pond-e esterling	پوند استرلینگ
yen (m)	yen	ین
dette (f)	qarz	قرض
débiteur (m)	bedehkār	بدهکار
prêter (vt)	qarz dādan	قرض دادن
emprunter (vt)	qarz gereftan	قرض گرفتن
banque (f)	bānk	بانک
compte (m)	hesāb-e bānki	حساب بانکی
verser (dans le compte)	rixtan	ریختن
verser dans le compte	be hesāb rixtan	به حساب ریختن
retirer du compte	az hesāb bardāštan	از حساب برداشتن
carte (f) de crédit	kārt-e e'tebāri	کارت اعتباری
espèces (f pl)	pul-e naqd	پول نقد
chèque (m)	ček	چک
faire un chèque	ček neveštan	چک نوشتن
chéquier (m)	daste-ye ček	دسته چک
portefeuille (m)	kif-e pul	کیف پول
bourse (f)	kif-e pul	کیف پول
coffre fort (m)	gāvsanduq	گاوصندوق
héritier (m)	vāres	وارث
héritage (m)	mirās	میراث
fortune (f)	dārāyi	دارایی
location (f)	ejāre	اجاره
loyer (m) (argent)	kerāye-ye xāne	کرایۀ خانه
louer (prendre en location)	ejāre kardan	اجاره کردن
prix (m)	qeymat	قیمت

| coût (m) | arzeš | ارزش |
| somme (f) | jam'-e kol | جمع کل |

dépenser (vt)	xarj kardan	خرج کردن
dépenses (f pl)	maxārej	مخارج
économiser (vt)	sarfeju-yi kardan	صرفه جویی کردن
économe (adj)	maqrun besarfe	مقرون به صرفه

payer (régler)	pardāxtan	پرداختن
paiement (m)	pardāxt	پرداخت
monnaie (f) (rendre la ~)	pul-e xerad	پول خرد

impôt (m)	māliyāt	مالیات
amende (f)	jarime	جریمه
mettre une amende	jarime kardan	جریمه کردن

42. La poste. Les services postaux

poste (f)	post	پست
courrier (m) (lettres, etc.)	post	پست
facteur (m)	nāme resān	نامه رسان
heures (f pl) d'ouverture	sā'athā-ye kāri	ساعت های کاری

lettre (f)	nāme	نامه
recommandé (m)	nāme-ye sefāreši	نامه سفارشی
carte (f) postale	kārt-e postāl	کارت پستال
télégramme (m)	telegrām	تلگرام
colis (m)	baste posti	بسته پستی
mandat (m) postal	havāle	حواله

recevoir (vt)	gereftan	گرفتن
envoyer (vt)	ferestādan	فرستادن
envoi (m)	ersāl	ارسال
adresse (f)	nešāni	نشانی
code (m) postal	kod-e posti	کد پستی
expéditeur (m)	ferestande	فرستنده
destinataire (m)	girande	گیرنده

| prénom (m) | esm | اسم |
| nom (m) de famille | nām-e xānevādegi | نام خانوادگی |

tarif (m)	ta'refe	تعرفه
normal (adj)	ādi	عادی
économique (adj)	ādi	عادی

poids (m)	vazn	وزن
peser (~ les lettres)	vazn kardan	وزن کردن
enveloppe (f)	pākat	پاکت
timbre (m)	tambr	تمبر
timbrer (vt)	tamr zadan	تمبر زدن

43. Les opérations bancaires

banque (f)	bānk	بانک
agence (f) bancaire	šo'be	شعبه
conseiller (m)	mošāver	مشاور
gérant (m)	modir	مدیر
compte (m)	hesāb-e bānki	حساب بانکی
numéro (m) du compte	šomāre-ye hesāb	شماره حساب
compte (m) courant	hesāb-e jāri	حساب جاری
compte (m) sur livret	hesāb-e pasandāz	حساب پس انداز
ouvrir un compte	hesāb-e bāz kardan	حساب باز کردن
clôturer le compte	hesāb rā bastan	حساب را بستن
verser dans le compte	be hesāb rixtan	به حساب ریختن
retirer du compte	az hesāb bardāštan	از حساب برداشتن
dépôt (m)	seporde	سپرده
faire un dépôt	seporde gozāštan	سپرده گذاشتن
virement (m) bancaire	enteqāl	انتقال
faire un transfert	enteqāl dādan	انتقال دادن
somme (f)	jam'-e kol	جمع کل
Combien?	čeqadr?	چقدر؟
signature (f)	emzā'	امضاء
signer (vt)	emzā kardan	امضا کردن
carte (f) de crédit	kārt-e e'tebāri	کارت اعتباری
code (m)	kod	کد
numéro (m) de carte de crédit	šomāre-ye kārt-e e'tebāri	شماره کارت اعتباری
distributeur (m)	xodpardāz	خودپرداز
chèque (m)	ček	چک
faire un chèque	ček neveštan	چک نوشتن
chéquier (m)	daste-ye ček	دسته چک
crédit (m)	e'tebār	اعتبار
demander un crédit	darxāst-e vam kardan	درخواست وام کردن
prendre un crédit	vām gereftan	وام گرفتن
accorder un crédit	vām dādan	وام دادن
gage (m)	zemānat	ضمانت

44. Le téléphone. La conversation téléphonique

téléphone (m)	telefon	تلفن
portable (m)	telefon-e hamrāh	تلفن همراه

répondeur (m)	monši-ye telefoni	منشی تلفنی
téléphoner, appeler	telefon zadan	تلفن زدن
appel (m)	tamās-e telefoni	تماس تلفنی

composer le numéro	šomāre gereftan	شماره گرفتن
Allô!	alo!	الو!
demander (~ l'heure)	porsidan	پرسیدن
répondre (vi, vt)	javāb dādan	جواب دادن

entendre (bruit, etc.)	šenidan	شنیدن
bien (adv)	xub	خوب
mal (adv)	bad	بد
bruits (m pl)	sedā	صدا

récepteur (m)	guši	گوشی
décrocher (vt)	guši rā bar dāštan	گوشی را برداشتن
raccrocher (vi)	guši rā gozāštan	گوشی را گذاشتن

occupé (adj)	mašqul	مشغول
sonner (vi)	zang zadan	زنگ زدن
carnet (m) de téléphone	daftar-e telefon	دفتر تلفن

local (adj)	mahalli	محلی
appel (m) local	telefon-e dāxeli	تلفن داخلی
interurbain (adj)	beyn-e šahri	بین شهری
appel (m) interurbain	telefon-e beyn-e šahri	تلفن بین شهری
international (adj)	beynolmelali	بین المللی
appel (m) international	telefon-e beynolmelali	تلفن بین المللی

45. Le téléphone portable

portable (m)	telefon-e hamrāh	تلفن همراه
écran (m)	namāyešgar	نمایشگر
bouton (m)	dokme	دکمه
carte SIM (f)	sim-e kārt	سیم کارت

pile (f)	bātri	باطری
être déchargé	tamām šodan bātri	تمام شدن باتری
chargeur (m)	šāržer	شارژ
menu (m)	meno	منو
réglages (m pl)	tanzimāt	تنظیمات
mélodie (f)	āhang	آهنگ
sélectionner (vt)	entexāb kardan	انتخاب کردن

calculatrice (f)	māšin-e hesāb	ماشین حساب
répondeur (m)	monši-ye telefoni	منشی تلفنی
réveil (m)	sā'at-e zang dār	ساعت زنگ دار
contacts (m pl)	daftar-e telefon	دفتر تلفن
SMS (m)	payāmak	پیامک
abonné (m)	moštarek	مشترک

46. La papeterie

stylo (m) à bille	xodkār	خودکار
stylo (m) à plume	xodnevis	خودنویس
crayon (m)	medād	مداد
marqueur (m)	māžik	ماژیک
feutre (m)	māžik	ماژیک
bloc-notes (m)	daftar-e yāddāšt	دفتر یادداشت
agenda (m)	daftar-e yāddāšt	دفتر یادداشت
règle (f)	xat keš	خط کش
calculatrice (f)	māšin-e hesāb	ماشین حساب
gomme (f)	pāk kon	پاک کن
punaise (f)	punez	پونز
trombone (m)	gire	گیره
colle (f)	časb	چسب
agrafeuse (f)	mangane-ye zan	منگنه زن
perforateur (m)	pānč	پانچ
taille-crayon (m)	madād-e tarāš	مداد تراش

47. Les langues étrangères

langue (f)	zabān	زبان
étranger (adj)	xāreji	خارجی
langue (f) étrangère	zabān-e xāreji	زبان خارجی
étudier (vt)	dars xāndan	درس خواندن
apprendre (~ l'arabe)	yād gereftan	یاد گرفتن
lire (vi, vt)	xāndan	خواندن
parler (vi, vt)	harf zadan	حرف زدن
comprendre (vt)	fahmidan	فهمیدن
écrire (vt)	neveštan	نوشتن
vite (adv)	sariʿ	سریع
lentement (adv)	āheste	آهسته
couramment (adv)	ravān	روان
règles (f pl)	qavāʿed	قواعد
grammaire (f)	gerāmer	گرامر
vocabulaire (m)	vājegān	واژگان
phonétique (f)	āvā-šenāsi	آواشناسی
manuel (m)	ketāb-e darsi	کتاب درسی
dictionnaire (m)	farhang-e loqat	فرهنگ لغت
manuel (m) autodidacte	xod-āmuz	خودآموز
guide (m) de conversation	ketāb-e mokāleme	کتاب مکالمه

cassette (f)	kāst	كاست
cassette (f) vidéo	kāst-e video	كاست ويدئو
CD (m)	si-di	سيدى
DVD (m)	dey vey dey	دى وى دى
alphabet (m)	alefbā	الفبا
épeler (vt)	heji kardan	هجى كردن
prononciation (f)	talaffoz	تلفظ
accent (m)	lahje	لهجه
avec un accent	bā lahje	با لهجه
sans accent	bi lahje	بى لهجه
mot (m)	kalame	كلمه
sens (m)	ma'ni	معنى
cours (m pl)	dowre	دوره
s'inscrire (vp)	nām-nevisi kardan	نام نويسى كردن
professeur (m) (~ d'anglais)	ostād	استاد
traduction (f) (action)	tarjome	ترجمه
traduction (f) (texte)	tarjome	ترجمه
traducteur (m)	motarjem	مترجم
interprète (m)	motarjem-e šafāhi	مترجم شفاهى
polyglotte (m)	čand zabāni	چند زبانى
mémoire (f)	hāfeze	حافظه

LES REPAS.
LE RESTAURANT

T&P Books Publishing

48. Le dressage de la table

cuillère (f)	qāšoq	قاشق
couteau (m)	kārd	کارد
fourchette (f)	čangāl	چنگال
tasse (f)	fenjān	فنجان
assiette (f)	bošqāb	بشقاب
soucoupe (f)	na'lbeki	نعلبکی
serviette (f)	dastmāl	دستمال
cure-dent (m)	xelāl-e dandān	خلال دندان

49. Le restaurant

restaurant (m)	resturān	رستوران
salon (m) de café	kāfe	کافه
bar (m)	bār	بار
salon (m) de thé	qahve xāne	قهوه خانه
serveur (m)	pišxedmat	پیشخدمت
serveuse (f)	pišxedmat	پیشخدمت
barman (m)	motesaddi-ye bār	متصدی بار
carte (f)	meno	منو
carte (f) des vins	kārt-e šarāb	کارت شراب
réserver une table	miz rezerv kardan	میز رزرو کردن
plat (m)	qazā	غذا
commander (vt)	sefāreš dādan	سفارش دادن
faire la commande	sefāreš dādan	سفارش دادن
apéritif (m)	mašrub-e piš qazā	مشروب پیش غذا
hors-d'œuvre (m)	piš qazā	پیش غذا
dessert (m)	deser	دسر
addition (f)	surat hesāb	صورت حساب
régler l'addition	surat-e hesāb rā pardāxtan	صورت حساب را پرداختن
rendre la monnaie	baqiye rā dādan	بقیه را دادن
pourboire (m)	an'ām	انعام

50. Les repas

nourriture (f)	qazā	غذا
manger (vi, vt)	xordan	خوردن
petit déjeuner (m)	sobhāne	صبحانه
prendre le petit déjeuner	sobhāne xordan	صبحانه خوردن
déjeuner (m)	nāhār	ناهار
déjeuner (vi)	nāhār xordan	ناهار خوردن
dîner (m)	šām	شام
dîner (vi)	šām xordan	شام خوردن
appétit (m)	eštehā	اشتها
Bon appétit!	nuš-e jān	نوش جان
ouvrir (vt)	bāz kardan	باز کردن
renverser (liquide)	rixtan	ریختن
se renverser (liquide)	rixtan	ریختن
bouillir (vi)	jušidan	جوشیدن
faire bouillir	jušāndan	جوشاندن
bouilli (l'eau ~e)	jušide	جوشیده
refroidir (vt)	sard kardan	سرد کردن
se refroidir (vp)	sard šodan	سرد شدن
goût (m)	maze	مزه
arrière-goût (m)	maze	مزه
suivre un régime	lāqar kardan	لاغر کردن
régime (m)	režim	رژیم
vitamine (f)	vitāmin	ویتامین
calorie (f)	kālori	کالری
végétarien (m)	giyāh xār	گیاه خوار
végétarien (adj)	giyāh xāri	گیاه خواری
lipides (m pl)	čarbi-hā	چربی ها
protéines (f pl)	porotein	پروتئین
glucides (m pl)	karbohidrāt-hā	کربو هیدرات ها
tranche (f)	qet'e	قطعه
morceau (m)	tekke	تکه
miette (f)	zarre	ذره

51. Les plats cuisinés

plat (m)	qazā	غذا
cuisine (f)	qazā	غذا
recette (f)	dastur-e poxt	دستور پخت
portion (f)	pors	پرس

salade (f)	sālād	سالاد
soupe (f)	sup	سوپ
bouillon (m)	pāye-ye sup	پایه سوپ
sandwich (m)	sāndevič	ساندویچ
les œufs brouillés	nimru	نیمرو
hamburger (m)	hamberger	همبرگر
steak (m)	esteyk	استیک
garniture (f)	moxallafāt	مخلفات
spaghettis (m pl)	espāgeti	اسپاگتی
purée (f)	pure-ye sibi zamini	پورهٔ سیب زمینی
pizza (f)	pitzā	پیتزا
bouillie (f)	šurbā	شوربا
omelette (f)	ommol-at	املت
cuit à l'eau (adj)	āb paz	آب پز
fumé (adj)	dudi	دودی
frit (adj)	sorx šode	سرخ شده
sec (adj)	xošk	خشک
congelé (adj)	yax zade	یخ زده
mariné (adj)	torši	ترشی
sucré (adj)	širin	شیرین
salé (adj)	šur	شور
froid (adj)	sard	سرد
chaud (adj)	dāq	داغ
amer (adj)	talx	تلخ
bon (savoureux)	xoš mazze	خوش مزه
cuire à l'eau	poxtan	پختن
préparer (le dîner)	poxtan	پختن
faire frire	sorx kardan	سرخ کردن
réchauffer (vt)	garm kardan	گرم کردن
saler (vt)	namak zadan	نمک زدن
poivrer (vt)	felfel pāšidan	فلفل پاشیدن
râper (vt)	rande kardan	رنده کردن
peau (f)	pust	پوست
éplucher (vt)	pust kandan	پوست کندن

52. Les aliments

viande (f)	gušt	گوشت
poulet (m)	morq	مرغ
poulet (m) (poussin)	juje	جوجه
canard (m)	ordak	اردک
oie (f)	qāz	غاز
gibier (m)	gušt-e šekār	گوشت شکار

dinde (f)	gušt-e buqalamun	گوشت بوقلمون
du porc	gušt-e xuk	گوشت خوک
du veau	gušt-e gusāle	گوشت گوساله
du mouton	gušt-e gusfand	گوشت گوسفند
du bœuf	gušt-e gāv	گوشت گاو
lapin (m)	xarguš	خرگوش
saucisson (m)	kālbās	کالباس
saucisse (f)	sosis	سوسیس
bacon (m)	beykon	بیکن
jambon (m)	žāmbon	ژامبون
cuisse (f)	rān xuk	ران خوک
pâté (m)	pāte	پاته
foie (m)	jegar	جگر
farce (f)	hamberger	همبرگر
langue (f)	zabān	زبان
œuf (m)	toxm-e morq	تخم مرغ
les œufs	toxm-e morq-ha	تخم مرغ ها
blanc (m) d'œuf	sefide-ye toxm-e morq	سفیده تخم مرغ
jaune (m) d'œuf	zarde-ye toxm-e morq	زرده تخم مرغ
poisson (m)	māhi	ماهی
fruits (m pl) de mer	qazā-ye daryāyi	غذای دریایی
crustacés (m pl)	saxtpustān	سختپوستان
caviar (m)	xāviār	خاویار
crabe (m)	xarčang	خرچنگ
crevette (f)	meygu	میگو
huître (f)	sadaf-e xorāki	صدف خوراکی
langoustine (f)	xarčang-e xārdār	خرچنگ خاردار
poulpe (m)	hašt pā	هشت پا
calamar (m)	māhi-ye morakkab	ماهی مرکب
esturgeon (m)	māhi-ye xāviār	ماهی خاویار
saumon (m)	māhi-ye salemon	ماهی سالمون
flétan (m)	halibut	هالیبوت
morue (f)	māhi-ye rowqan	ماهی روغن
maquereau (m)	māhi-ye esqumeri	ماهی اسقومری
thon (m)	tan māhi	تن ماهی
anguille (f)	mārmāhi	مارماهی
truite (f)	māhi-ye qezelālā	ماهی قزل آلا
sardine (f)	sārdin	ساردین
brochet (m)	ordak māhi	اردک ماهی
hareng (m)	māhi-ye šur	ماهی شور
pain (m)	nān	نان
fromage (m)	panir	پنیر
sucre (m)	qand	قند

sel (m)	namak	نمک
riz (m)	berenj	برنج
pâtes (m pl)	mākāroni	ماکارونی
nouilles (f pl)	rešte-ye farangi	رشته فرنگی
beurre (m)	kare	کره
huile (f) végétale	rowqan-e nabāti	روغن نباتی
huile (f) de tournesol	rowqan āftābgardān	روغن آفتاب گردان
margarine (f)	mārgārin	مارگارین
olives (f pl)	zeytun	زیتون
huile (f) d'olive	rowqan-e zeytun	روغن زیتون
lait (m)	šir	شیر
lait (m) condensé	šir-e čegāl	شیر چگال
yogourt (m)	mās-at	ماست
crème (f) aigre	xāme-ye torš	خامة ترش
crème (f) (de lait)	saršir	سرشیر
sauce (f) mayonnaise	māyonez	مایونز
crème (f) au beurre	xāme	خامه
gruau (m)	hobubāt	حبوبات
farine (f)	ārd	آرد
conserves (f pl)	konserv-hā	کنسرو ها
pétales (m pl) de maïs	bereštuk	برشتوک
miel (m)	asal	عسل
confiture (f)	morabbā	مربا
gomme (f) à mâcher	ādāms	آدامس

53. Les boissons

eau (f)	āb	آب
eau (f) potable	āb-e āšāmidani	آب آشامیدنی
eau (f) minérale	āb-e ma'dani	آب معدنی
plate (adj)	bedun-e gāz	بدون گاز
gazeuse (l'eau ~)	gāzdār	گازدار
pétillante (adj)	gāzdār	گازدار
glace (f)	yax	یخ
avec de la glace	yax dār	یخ دار
sans alcool	bi alkol	بی الکل
boisson (f) non alcoolisée	nušābe-ye bi alkol	نوشابة بی الکل
rafraîchissement (m)	nušābe-ye xonak	نوشابة خنک
limonade (f)	limunād	لیموناد
boissons (f pl) alcoolisées	mašrubāt-e alkoli	مشروبات الکلی
vin (m)	šarāb	شراب

vin (m) blanc	šarāb-e sefid	شراب سفید
vin (m) rouge	šarāb-e sorx	شراب سرخ
liqueur (f)	likor	لیکور
champagne (m)	šāmpāyn	شامپاین
vermouth (m)	vermut	ورموت
whisky (m)	viski	ویسکی
vodka (f)	vodkā	ودکا
gin (m)	jin	جین
cognac (m)	konyāk	کنیاک
rhum (m)	araq-e neyšekar	عرق نیشکر
café (m)	qahve	قهوه
café (m) noir	qahve-ye talx	قهوهٔ تلخ
café (m) au lait	šir-qahve	شیرقهوه
cappuccino (m)	kāpočino	کاپوچینو
café (m) soluble	qahve-ye fowri	قهوه فوری
lait (m)	šir	شیر
cocktail (m)	kuktel	کوکتل
cocktail (m) au lait	kuktele šir	کوکتل شیر
jus (m)	āb-e mive	آب میوه
jus (m) de tomate	āb-e gowjefarangi	آب گوجه فرنگی
jus (m) d'orange	āb-e porteqāl	آب پرتقال
jus (m) pressé	āb-e mive-ye taze	آب میوهٔ تازه
bière (f)	ābejow	آبجو
bière (f) blonde	ābejow-ye sabok	آبجوی سبک
bière (f) brune	ābejow-ye tire	آبجوی تیره
thé (m)	čāy	چای
thé (m) noir	čāy-e siyāh	چای سیاه
thé (m) vert	čāy-e sabz	چای سبز

54. Les légumes

légumes (m pl)	sabzijāt	سبزیجات
verdure (f)	sabzi	سبزی
tomate (f)	gowje farangi	گوجه فرنگی
concombre (m)	xiyār	خیار
carotte (f)	havij	هویج
pomme (f) de terre	sib zamini	سیب زمینی
oignon (m)	piyāz	پیاز
ail (m)	sir	سیر
chou (m)	kalam	کلم
chou-fleur (m)	gol kalam	گل کلم

| chou (m) de Bruxelles | koll-am boruksel | کلم بروکسل |
| brocoli (m) | kalam borokli | کلم بروکلی |

betterave (f)	čoqondar	چغندر
aubergine (f)	bādenjān	بادنجان
courgette (f)	kadu sabz	کدو سبز
potiron (m)	kadu tanbal	کدو تنبل
navet (m)	šalqam	شلغم

persil (m)	ja'fari	جعفری
fenouil (m)	šavid	شوید
laitue (f) (salade)	kāhu	کاهو
céleri (m)	karafs	کرفس
asperge (f)	mārčube	مارچوبه
épinard (m)	esfenāj	اسفناج

pois (m)	noxod	نخود
fèves (f pl)	lubiyā	لوبیا
maïs (m)	zorrat	ذرت
haricot (m)	lubiyā qermez	لوبیا قرمز

poivron (m)	felfel	فلفل
radis (m)	torobče	تربچه
artichaut (m)	kangar farangi	کنگرفرنگی

55. Les fruits. Les noix

fruit (m)	mive	میوه
pomme (f)	sib	سیب
poire (f)	golābi	گلابی
citron (m)	limu	لیمو
orange (f)	porteqāl	پرتقال
fraise (f)	tut-e farangi	توت فرنگی

mandarine (f)	nārengi	نارنگی
prune (f)	ālu	آلو
pêche (f)	holu	هلو
abricot (m)	zardālu	زردآلو
framboise (f)	tamešk	تمشک
ananas (m)	ānānās	آناناس

banane (f)	mowz	موز
pastèque (f)	hendevāne	هندوانه
raisin (m)	angur	انگور
cerise (f)	ālbālu	آلبالو
merise (f)	gilās	گیلاس
melon (m)	xarboze	خربزه

| pamplemousse (m) | gerip forut | گریپ فوروت |
| avocat (m) | āvokādo | اووکادو |

papaye (f)	pāpāyā	پاپایا
mangue (f)	anbe	انبه
grenade (f)	anār	انار

groseille (f) rouge	angur-e farangi-ye sorx	انگور فرنگی سرخ
cassis (m)	angur-e farangi-ye siyāh	انگور فرنگی سیاه
groseille (f) verte	angur-e farangi	انگور فرنگی
myrtille (f)	zoqāl axte	زغال اخته
mûre (f)	šāh tut	شاه توت

raisin (m) sec	kešmeš	کشمش
figue (f)	anjir	انجیر
datte (f)	xormā	خرما

cacahuète (f)	bādām zamin-i	بادام زمینی
amande (f)	bādām	بادام
noix (f)	gerdu	گردو
noisette (f)	fandoq	فندق
noix (f) de coco	nārgil	نارگیل
pistaches (f pl)	peste	پسته

56. Le pain. Les confiseries

confiserie (f)	širini jāt	شیرینی جات
pain (m)	nān	نان
biscuit (m)	biskuit	بیسکویت

chocolat (m)	šokolāt	شکلات
en chocolat (adj)	šokolāti	شکلاتی
bonbon (m)	āb nabāt	آب نبات
gâteau (m), pâtisserie (f)	nān-e širini	نان شیرینی
tarte (f)	širini	شیرینی

| gâteau (m) | keyk | کیک |
| garniture (f) | čāšni | چاشنی |

confiture (f)	morabbā	مربا
marmelade (f)	mārmālād	مارمالاد
gaufre (f)	vāfel	وافل
glace (f)	bastani	بستنی
pudding (m)	puding	پودینگ

57. Les épices

sel (m)	namak	نمک
salé (adj)	šur	شور
saler (vt)	namak zadan	نمک زدن
poivre (m) noir	felfel-e siyāh	فلفل سیاه

poivre (m) rouge	felfel-e sorx	فلفل سرخ
moutarde (f)	xardal	خردل
raifort (m)	torob-e kuhi	ترب کوهی
condiment (m)	adviye	ادویه
épice (f)	adviye	ادویه
sauce (f)	ses	سس
vinaigre (m)	serke	سرکه
anis (m)	rāziyāne	رازیانه
basilic (m)	reyhān	ریحان
clou (m) de girofle	mixak	میخک
gingembre (m)	zanjefil	زنجفیل
coriandre (m)	gešniz	گشنیز
cannelle (f)	dārčin	دارچین
sésame (m)	konjed	کنجد
feuille (f) de laurier	barg-e bu	برگ بو
paprika (m)	paprika	پاپریکا
cumin (m)	zire	زیره
safran (m)	za'ferān	زعفران

T&P BOOKS

LES DONNÉES PERSONNELLES. LA FAMILLE

T&P Books Publishing

58. Les données personnelles. Les formulaires

prénom (m)	esm	اسم
nom (m) de famille	nām-e xānevādegi	نام خانوادگی
date (f) de naissance	tārix-e tavallod	تاریخ تولد
lieu (m) de naissance	mahall-e tavallod	محل تولد
nationalité (f)	melliyat	ملیت
domicile (m)	mahall-e sokunat	محل سکونت
pays (m)	kešvar	کشور
profession (f)	šoql	شغل
sexe (m)	jens	جنس
taille (f)	qad	قد
poids (m)	vazn	وزن

59. La famille. Les liens de parenté

mère (f)	mādar	مادر
père (m)	pedar	پدر
fils (m)	pesar	پسر
fille (f)	doxtar	دختر
fille (f) cadette	doxtar-e kučak	دختر کوچک
fils (m) cadet	pesar-e kučak	پسر کوچک
fille (f) aînée	doxtar-e bozorg	دختر بزرگ
fils (m) aîné	pesar-e bozorg	پسر بزرگ
frère (m)	barādar	برادر
frère (m) aîné	barādar-e bozorg	برادر بزرگ
frère (m) cadet	barādar-e kučak	برادر کوچک
sœur (f)	xāhar	خواهر
sœur (f) aînée	xāhar-e bozorg	خواهر بزرگ
sœur (f) cadette	xāhar-e kučak	خواهر کوچک
cousin (m)	pesar 'amu	پسر عمو
cousine (f)	doxtar amu	دختر عمو
maman (f)	māmān	مامان
papa (m)	bābā	بابا
parents (m pl)	vāledeyn	والدین
enfant (m, f)	kudak	کودک
enfants (pl)	bače-hā	بچه ها
grand-mère (f)	mādarbozorg	مادربزرگ

grand-père (m)	pedar-bozorg	پدربزرگ
petit-fils (m)	nave	نوه
petite-fille (f)	nave	نوه
petits-enfants (pl)	nave-hā	نوه ها

oncle (m)	amu	عمو
tante (f)	xāle yā amme	خاله یا عمه
neveu (m)	barādar-zāde	برادرزاده
nièce (f)	xāhar-zāde	خواهرزاده

belle-mère (f)	mādarzan	مادرزن
beau-père (m)	pedar-šowhar	پدرشوهر
gendre (m)	dāmād	داماد
belle-mère (f)	nāmādari	نامادری
beau-père (m)	nāpedari	ناپدری

nourrisson (m)	nowzād	نوزاد
bébé (m)	širxār	شیرخوار
petit (m)	pesar-e kučulu	پسر کوچولو

femme (f)	zan	زن
mari (m)	šowhar	شوهر
époux (m)	hamsar	همسر
épouse (f)	hamsar	همسر

marié (adj)	mote'ahhel	متاهل
mariée (adj)	mote'ahhel	متاهل
célibataire (adj)	mojarrad	مجرد
célibataire (m)	mojarrad	مجرد
divorcé (adj)	talāq gerefte	طلاق گرفته
veuve (f)	bive zan	بیوه زن
veuf (m)	bive	بیوه

parent (m)	xišāvand	خویشاوند
parent (m) proche	aqvām-e nazdik	اقوام نزدیک
parent (m) éloigné	aqvām-e dur	اقوام دور
parents (m pl)	aqvām	اقوام

orphelin (m), orpheline (f)	yatim	یتیم
tuteur (m)	qayyem	قیم
adopter (un garçon)	be pesari gereftan	به پسری گرفتن
adopter (une fille)	be doxtari gereftan	به دختری گرفتن

60. Les amis. Les collègues

ami (m)	dust	دوست
amie (f)	dust	دوست
amitié (f)	dusti	دوستی
être ami	dust budan	دوست بودن
copain (m)	rafiq	رفیق

copine (f)	rafiq	رفیق
partenaire (m)	šarik	شریک
chef (m)	ra'is	رئیس
supérieur (m)	ra'is	رئیس
propriétaire (m)	sāheb	صاحب
subordonné (m)	zirdast	زیردست
collègue (m, f)	hamkār	همکار
connaissance (f)	āšnā	آشنا
compagnon (m) de route	hamsafar	همسفر
copain (m) de classe	ham kelās	هم کلاس
voisin (m)	hamsāye	همسایه
voisine (f)	hamsāye	همسایه
voisins (m pl)	hamsāye-hā	همسایه ها

LE CORPS HUMAIN.
LES MÉDICAMENTS

T&P Books Publishing

tête (f)	sar	سر
visage (m)	surat	صورت
nez (m)	bini	بینی
bouche (f)	dahān	دهان
œil (m)	češm	چشم
les yeux	češm-hā	چشم ها
pupille (f)	mardomak	مردمک
sourcil (m)	abru	ابرو
cil (m)	može	مژه
paupière (f)	pelek	پلک
langue (f)	zabān	زبان
dent (f)	dandān	دندان
lèvres (f pl)	lab-hā	لب ها
pommettes (f pl)	ostexānhā-ye gune	استخوان های گونه
gencive (f)	lase	لثه
palais (m)	saqf-e dahān	سقف دهان
narines (f pl)	surāxhā-ye bini	سوراخ های بینی
menton (m)	čāne	چانه
mâchoire (f)	fak	فک
joue (f)	gune	گونه
front (m)	pišāni	پیشانی
tempe (f)	gijgāh	گیجگاه
oreille (f)	guš	گوش
nuque (f)	pas gardan	پس گردن
cou (m)	gardan	گردن
gorge (f)	galu	گلو
cheveux (m pl)	mu-hā	مو ها
coiffure (f)	model-e mu	مدل مو
coupe (f)	model-e mu	مدل مو
perruque (f)	kolāh-e gis	کلاه گیس
moustache (f)	sebil	سبیل
barbe (f)	riš	ریش
porter (~ la barbe)	gozāštan	گذاشتن
tresse (f)	muy-ye bāfte	موی بافته
favoris (m pl)	xatt-e riš	خط ریش
roux (adj)	muqermez	موقرمز
gris, grisonnant (adj)	sefid-e mu	سفید مو

chauve (adj)	tãs	طاس
calvitie (f)	tãsi	طاسی
queue (f) de cheval	dom-e asbi	دم اسبی
frange (f)	čatri	چتری

62. Le corps humain

main (f)	dast	دست
bras (m)	bãzu	بازو
doigt (m)	angošt	انگشت
orteil (m)	šast-e pã	شصت پا
pouce (m)	šost	شست
petit doigt (m)	angošt-e kučak	انگشت کوچک
ongle (m)	nãxon	ناخن
poing (m)	mošt	مشت
paume (f)	kaf-e dast	کف دست
poignet (m)	moč-e dast	مچ دست
avant-bras (m)	sã'ed	ساعد
coude (m)	ãranj	آرنج
épaule (f)	ketf	کتف
jambe (f)	pã	پا
pied (m)	pã	پا
genou (m)	zãnu	زانو
mollet (m)	sãq	ساق
hanche (f)	rãn	ران
talon (m)	pãšne-ye pã	پاشنهٔ پا
corps (m)	badan	بدن
ventre (m)	šekam	شکم
poitrine (f)	sine	سینه
sein (m)	sine	سینه
côté (m)	pahlu	پهلو
dos (m)	pošt	پشت
reins (région lombaire)	kamar	کمر
taille (f) (~ de guêpe)	dur-e kamar	دور کمر
nombril (m)	nãf	ناف
fesses (f pl)	nešiman-e gãh	نشیمن گاه
derrière (m)	bãsan	باسن
grain (m) de beauté	xãl	خال
tache (f) de vin	xãl-e mãdarzãd	خال مادرزاد
tatouage (m)	xãl kubi	خال کوبی
cicatrice (f)	jã-ye zaxm	جای زخم

63. Les maladies

maladie (f)	bimāri	بیماری
être malade	bimār budan	بیمار بودن
santé (f)	salāmati	سلامتی
rhume (m) (coryza)	āb-e rizeš-e bini	آب ریزش بینی
angine (f)	varam-e lowze	ورم لوزه
refroidissement (m)	sarmā xordegi	سرما خوردگی
prendre froid	sarmā xordan	سرما خوردن
bronchite (f)	boronšit	برنشیت
pneumonie (f)	zātorrie	ذات الریه
grippe (f)	ānfolānzā	آنفولانزا
myope (adj)	nazdik bin	نزدیک بین
presbyte (adj)	durbin	دوربین
strabisme (m)	enherāf-e čašm	انحراف چشم
strabique (adj)	luč	لوچ
cataracte (f)	āb morvārid	آب مروارید
glaucome (m)	ab-e siyāh	آب سیاه
insulte (f)	sekte-ye maqzi	سکته مغزی
crise (f) cardiaque	sekte-ye qalbi	سکته قلبی
infarctus (m) de myocarde	ānfārktus	آنفارکتوس
paralysie (f)	falaji	فلجی
paralyser (vt)	falj kardan	فلج کردن
allergie (f)	ālerži	آلرژی
asthme (m)	āsm	آسم
diabète (m)	diyābet	دیابت
mal (m) de dents	dandān-e dard	دندان درد
carie (f)	pusidegi	پوسیدگی
diarrhée (f)	eshāl	اسهال
constipation (f)	yobusat	یبوست
estomac (m) barbouillé	nārāhati-ye me'de	ناراحتی معده
intoxication (f) alimentaire	masmumiyat	مسمومیت
être intoxiqué	masmum šodan	مسموم شدن
arthrite (f)	varam-e mafāsel	ورم مفاصل
rachitisme (m)	rāšitism	راشیتیسم
rhumatisme (m)	romātism	روماتیسم
athérosclérose (f)	tasallob-e šarāin	تصلب شرائین
gastrite (f)	varam-e me'de	ورم معده
appendicite (f)	āpāndisit	آپاندیسیت
cholécystite (f)	eltehāb-e kise-ye safrā	التهاب کیسه صفرا
ulcère (m)	zaxm	زخم
rougeole (f)	sorxak	سرخک

rubéole (f)	sorxje	سرخجه
jaunisse (f)	yaraqān	یرقان
hépatite (f)	hepātit	هپاتیت
schizophrénie (f)	šizoferni	شیزوفرنی
rage (f) (hydrophobie)	hāri	هاری
névrose (f)	extelāl-e a'sāb	اختلال اعصاب
commotion (f) cérébrale	zarbe-ye maqzi	ضربه مغزی
cancer (m)	saratān	سرطان
sclérose (f)	eskeleroz	اسکلروز
sclérose (f) en plaques	eskeleroz čandgāne	اسکلروز چندگانه
alcoolisme (m)	alkolism	الکلیسم
alcoolique (m)	alkoli	الکلی
syphilis (f)	siflis	سیفلیس
SIDA (m)	eydz	ایدز
tumeur (f)	tumor	تومور
maligne (adj)	bad xim	بد خیم
bénigne (adj)	xoš xim	خوش خیم
fièvre (f)	tab	تب
malaria (f)	mālāriyā	مالاریا
gangrène (f)	qānqāriyā	قانقاریا
mal (m) de mer	daryā-zadegi	دریازدگی
épilepsie (f)	sar'	صرع
épidémie (f)	epidemi	اپیدمی
typhus (m)	hasbe	حصبه
tuberculose (f)	sel	سل
choléra (m)	vabā	وبا
peste (f)	tā'un	طاعون

64. Les symptômes. Le traitement. Partie 1

symptôme (m)	alāem-e bimāri	علائم بیماری
température (f)	damā	دما
fièvre (f)	tab	تب
pouls (m)	nabz	نبض
vertige (m)	sargije	سرگیجه
chaud (adj)	dāq	داغ
frisson (m)	ra'še	رعشه
pâle (adj)	rang paride	رنگ پریده
toux (f)	sorfe	سرفه
tousser (vi)	sorfe kardan	سرفه کردن
éternuer (vi)	atse kardan	عطسه کردن
évanouissement (m)	qaš	غش

s'évanouir (vp)	qaš kardan	غش کردن
bleu (m)	kabudi	کبودی
bosse (f)	barāmadegi	برآمدگی
se heurter (vp)	barxord kardan	برخورد کردن
meurtrissure (f)	kuftegi	کوفتگی
se faire mal	zarb didan	ضرب دیدن
boiter (vi)	langidan	لنگیدن
foulure (f)	dar raftegi	دررفتگی
se démettre (l'épaule, etc.)	dar raftan	دررفتن
fracture (f)	šekastegi	شکستگی
avoir une fracture	dočār-e šekastegi šodan	دچار شکستگی شدن
coupure (f)	boridegi	بریدگی
se couper (~ le doigt)	boridan	بریدن
hémorragie (f)	xunrizi	خونریزی
brûlure (f)	suxtegi	سوختگی
se brûler (vp)	dočār-e suxtegi šodan	دچار سوختگی شدن
se piquer (le doigt)	surāx kardan	سوراخ کردن
se piquer (vp)	surāx kardan	سوراخ کردن
blesser (vt)	āsib resāndan	آسیب رساندن
blessure (f)	zaxm	زخم
plaie (f) (blessure)	zaxm	زخم
trauma (m)	zarbe	ضربه
délirer (vi)	hazyān goftan	هذیان گفتن
bégayer (vi)	loknat dāštan	لکنت داشتن
insolation (f)	āftāb-zadegi	آفتابزدگی

65. Les symptômes. Le traitement. Partie 2

douleur (f)	dard	درد
écharde (f)	xār	خار
sueur (f)	araq	عرق
suer (vi)	araq kardan	عرق کردن
vomissement (m)	estefrāq	استفراغ
spasmes (m pl)	tašannoj	تشنج
enceinte (adj)	bārdār	باردار
naître (vi)	motevalled šodan	متولد شدن
accouchement (m)	vazʿ-e haml	وضع حمل
accoucher (vi)	be donyā āvardan	به دنیا آوردن
avortement (m)	seqt-e janin	سقط جنین
respiration (f)	tanaffos	تنفس
inhalation (f)	estenšāq	استنشاق
expiration (f)	bāzdam	بازدم

expirer (vi)	bāzdamidan	بازدميدن
inspirer (vi)	nafas kešidan	نفس کشيدن
invalide (m)	ma'lul	معلول
handicapé (m)	falaj	فلج
drogué (m)	mo'tād	معتاد
sourd (adj)	kar	کر
muet (adj)	lāl	لال
sourd-muet (adj)	kar-o lāl	کر و لال
fou (adj)	divāne	ديوانه
fou (m)	divāne	ديوانه
folle (f)	divāne	ديوانه
devenir fou	divāne šodan	ديوانه شدن
gène (m)	žen	ژن
immunité (f)	masuniyat	مصونيت
héréditaire (adj)	mowrusi	موروثی
congénital (adj)	mādarzād	مادرزاد
virus (m)	virus	ويروس
microbe (m)	mikrob	ميکروب
bactérie (f)	bākteri	باکتری
infection (f)	ofunat	عفونت

66. Les symptômes. Le traitement. Partie 3

hôpital (m)	bimārestān	بيمارستان
patient (m)	bimār	بيمار
diagnostic (m)	tašxis	تشخيص
cure (f) (faire une ~)	mo'āleje	معالجه
traitement (m)	darmān	درمان
se faire soigner	darmān šodan	درمان شدن
traiter (un patient)	mo'āleje kardan	معالجه کردن
soigner (un malade)	parastāri kardan	پرستاری کردن
soins (m pl)	parastāri	پرستاری
opération (f)	amal-e jarrāhi	عمل جراحی
panser (vt)	pānsemān kardan	پانسمان کردن
pansement (m)	pānsemān	پانسمان
vaccination (f)	vāksināsyon	واکسيناسيون
vacciner (vt)	vāksine kardan	واکسينه کردن
piqûre (f)	tazriq	تزريق
faire une piqûre	tazriq kardan	تزريق کردن
crise, attaque (f)	hamle	حمله
amputation (f)	qat'-e ozv	قطع عضو

amputer (vt)	qat' kardan	قطع کردن
coma (m)	komā	کما
être dans le coma	dar komā budan	در کما بودن
réanimation (f)	morāqebat-e viže	مراقبت ویژه

se rétablir (vp)	behbud yāftan	بهبود یافتن
état (m) (de santé)	hālat	حالت
conscience (f)	huš	هوش
mémoire (f)	hāfeze	حافظه

arracher (une dent)	dandān kešidan	دندان کشیدن
plombage (m)	por kardan	پر کردن
plomber (vt)	por kardan	پر کردن

| hypnose (f) | hipnotizm | هیپنوتیزم |
| hypnotiser (vt) | hipnotizm kardan | هیپنوتیزم کردن |

67. Les médicaments. Les accessoires

médicament (m)	dāru	دارو
remède (m)	darmān	درمان
prescrire (vt)	tajviz kardan	تجویز کردن
ordonnance (f)	nosxe	نسخه

comprimé (m)	qors	قرص
onguent (m)	pomād	پماد
ampoule (f)	āmpul	آمپول
mixture (f)	šarbat	شربت
sirop (m)	šarbat	شربت
pilule (f)	kapsul	کپسول
poudre (f)	pudr	پودر

bande (f)	bānd	باند
coton (m) (ouate)	panbe	پنبه
iode (m)	yod	ید

| sparadrap (m) | časb-e zaxm | چسب زخم |
| compte-gouttes (m) | qatre čekān | قطره چکان |

| thermomètre (m) | damāsanj | دماسنج |
| seringue (f) | sorang | سرنگ |

| fauteuil (m) roulant | vilčer | ویلچر |
| béquilles (f pl) | čub zir baqal | چوب زیر بغل |

anesthésique (m)	mosaken	مسکن
purgatif (m)	moshel	مسهل
alcool (m)	alkol	الکل
herbe (f) médicinale	giyāhān-e dāruyi	گیاهان دارویی
d'herbes (adj)	giyāhi	گیاهی

L'APPARTEMENT

T&P Books Publishing

68. L'appartement

appartement (m)	āpārtemān	آپارتمان
chambre (f)	otāq	اتاق
chambre (f) à coucher	otāq-e xāb	اتاق خواب
salle (f) à manger	otāq-e qazāxori	اتاق غذاخوری
salon (m)	mehmānxāne	مهمانخانه
bureau (m)	daftar	دفتر
antichambre (f)	tālār-e vorudi	تالار ورودی
salle (f) de bains	hammām	حمام
toilettes (f pl)	tuālet	توالت
plafond (m)	saqf	سقف
plancher (m)	kaf	کف
coin (m)	guše	گوشه

69. Les meubles. L'intérieur

meubles (m pl)	mobl	مبل
table (f)	miz	میز
chaise (f)	sandali	صندلی
lit (m)	taxt-e xāb	تخت خواب
canapé (m)	kānāpe	کاناپه
fauteuil (m)	mobl-e rāhati	مبل راحتی
bibliothèque (f) (meuble)	qafase-ye ketāb	قفسه کتاب
rayon (m)	qafase	قفسه
armoire (f)	komod	کمد
patère (f)	raxt āviz	رخت آویز
portemanteau (m)	čub lebāsi	چوب لباسی
commode (f)	komod	کمد
table (f) basse	miz-e pišdasti	میز پیشدستی
miroir (m)	āyene	آینه
tapis (m)	farš	فرش
petit tapis (m)	qāliče	قالیچه
cheminée (f)	šumine	شومینه
bougie (f)	šam'	شمع
chandelier (m)	šam'dān	شمعدان
rideaux (m pl)	parde	پرده

| papier (m) peint | kāqaz-e divāri | کاغذ دیواری |
| jalousie (f) | kerkere | کرکره |

lampe (f) de table	čerāq-e rumizi	چراغ رومیزی
applique (f)	čerāq-e divāri	چراغ دیواری
lampadaire (m)	ābāžur	آباژور
lustre (m)	luster	لوستر

pied (m) (~ de la table)	pāye	پایه
accoudoir (m)	daste-ye sandali	دستهٔ صندلی
dossier (m)	pošti	پشتی
tiroir (m)	kešow	کشو

70. La literie

linge (m) de lit	raxt-e xāb	رخت خواب
oreiller (m)	bālešt	بالشت
taie (f) d'oreiller	rubalešt	رو بالشت
couverture (f)	patu	پتو
drap (m)	malāfe	ملافه
couvre-lit (m)	rutaxti	روتختی

71. La cuisine

cuisine (f)	āšpazxāne	آشپزخانه
gaz (m)	gāz	گاز
cuisinière (f) à gaz	ojāgh-e gāz	اجاق گاز
cuisinière (f) électrique	ojāgh-e barghi	اجاق برقی
four (m)	fer	فر
four (m) micro-ondes	māykrofer	مایکروفر

réfrigérateur (m)	yaxčāl	یخچال
congélateur (m)	fereyzer	فریزر
lave-vaisselle (m)	māšin-e zarfšuyi	ماشین ظرفشویی

hachoir (m) à viande	čarx-e gušt	چرخ گوشت
centrifugeuse (f)	ābmive giri	آبمیوه گیری
grille-pain (m)	towster	توستر
batteur (m)	maxlut kon	مخلوط کن

machine (f) à café	qahve sāz	قهوه ساز
cafetière (f)	qahve juš	قهوه جوش
moulin (m) à café	āsiyāb-e qahve	آسیاب قهوه

bouilloire (f)	ketri	کتری
théière (f)	quri	قوری
couvercle (m)	sarpuš	سرپوش
passoire (f) à thé	čāy sāf kon	چای صاف کن

cuillère (f)	qāšoq	قاشق
petite cuillère (f)	qāšoq čāy xori	قاشق چای خوری
cuillère (f) à soupe	qāšoq sup xori	قاشق سوپ خوری
fourchette (f)	čangāl	چنگال
couteau (m)	kārd	کارد
vaisselle (f)	zoruf	ظروف
assiette (f)	bošqāb	بشقاب
soucoupe (f)	na'lbeki	نعلبکی
verre (m) à shot	gilās-e vodkā	گیلاس ودکا
verre (m) (~ d'eau)	estekān	استکان
tasse (f)	fenjān	فنجان
sucrier (m)	qandān	قندان
salière (f)	namakdān	نمکدان
poivrière (f)	felfeldān	فلفلدان
beurrier (m)	zarf-e kare	ظرف کره
casserole (f)	qāblame	قابلمه
poêle (f)	tābe	تابه
louche (f)	malāqe	ملاقه
passoire (f)	ābkeš	آبکش
plateau (m)	sini	سینی
bouteille (f)	botri	بطری
bocal (m) (à conserves)	šiše	شیشه
boîte (f) en fer-blanc	quti	قوطی
ouvre-bouteille (m)	dar bāz kon	در بازکن
ouvre-boîte (m)	dar bāz kon	در بازکن
tire-bouchon (m)	dar bāz kon	در بازکن
filtre (m)	filter	فیلتر
filtrer (vt)	filter kardan	فیلتر کردن
ordures (f pl)	āšqāl	آشغال
poubelle (f)	satl-e zobāle	سطل زباله

72. La salle de bains

salle (f) de bains	hammām	حمام
eau (f)	āb	آب
robinet (m)	šir	شیر
eau (f) chaude	āb-e dāq	آب داغ
eau (f) froide	āb-e sard	آب سرد
dentifrice (m)	xamir-e dandān	خمیر دندان
se brosser les dents	mesvāk zadan	مسواک زدن
brosse (f) à dents	mesvāk	مسواک
se raser (vp)	riš tarāšidan	ریش تراشیدن

mousse (f) à raser	xamir-e eslāh	خمیر اصلاح
rasoir (m)	tiq	تیغ
laver (vt)	šostan	شستن
se laver (vp)	hamām kardan	حمام کردن
douche (f)	duš	دوش
prendre une douche	duš gereftan	دوش گرفتن
baignoire (f)	vān hammām	وان حمام
cuvette (f)	tuālet-e farangi	توالت فرنگی
lavabo (m)	sink	سینک
savon (m)	sābun	صابون
porte-savon (m)	jā sābun	جا صابون
éponge (f)	abr	ابر
shampooing (m)	šāmpu	شامپو
serviette (f)	howle	حوله
peignoir (m) de bain	howle-ye hamām	حوله حمام
lessive (f) (faire la ~)	raxčuyi	لباسشویی
machine (f) à laver	māšin-e lebas-šui	ماشین لباسشویی
faire la lessive	šostan-e lebās	شستن لباس
lessive (f) (poudre)	pudr-e lebas-šui	پودر لباسشویی

73. Les appareils électroménagers

téléviseur (m)	televiziyon	تلویزیون
magnétophone (m)	zabt-e sowt	ضبط صوت
magnétoscope (m)	video	ویدئو
radio (f)	rādiyo	رادیو
lecteur (m)	paxš konande	پخش کننده
vidéoprojecteur (m)	video porožektor	ویدئو پروژکتور
home cinéma (m)	sinamā-ye xānegi	سینمای خانگی
lecteur DVD (m)	paxš konande-ye di vi di	پخش کننده دی وی دی
amplificateur (m)	āmpli-fāyer	آمپلی فایر
console (f) de jeux	konsul-e bāzi	کنسول بازی
caméscope (m)	durbin-e filmbardāri	دوربین فیلمبرداری
appareil (m) photo	durbin-e akkāsi	دوربین عکاسی
appareil (m) photo numérique	durbin-e dijitāl	دوربین دیجیتال
aspirateur (m)	jāru barqi	جارو برقی
fer (m) à repasser	oto	اتو
planche (f) à repasser	miz-e otu	میز اتو
téléphone (m)	telefon	تلفن
portable (m)	telefon-e hamrāh	تلفن همراه

machine (f) à écrire	mãšin-e tahrir	ماشین تحریر
machine (f) à coudre	čarx-e xayyāti	چرخ خیاطی
micro (m)	mikrofon	میکروفون
écouteurs (m pl)	guši	گوشی
télécommande (f)	kontorol az rāh-e dur	کنترل از راه دور
CD (m)	si-di	سیدی
cassette (f)	kāst	کاست
disque (m) (vinyle)	safhe-ye gerāmāfon	صفحه گرامافون

T&P BOOKS

LA TERRE. LE TEMPS

T&P Books Publishing

74. L'espace cosmique

cosmos (m)	fazā	فضا
cosmique (adj)	fazāyi	فضایی
espace (m) cosmique	fazā-ye keyhān	فضای کیهان
monde (m)	jahān	جهان
univers (m)	giti	گیتی
galaxie (f)	kahkešān	کهکشان
étoile (f)	setāre	ستاره
constellation (f)	surat-e falaki	صورت فلکی
planète (f)	sayyāre	سیاره
satellite (m)	māhvāre	ماهواره
météorite (m)	sang-e āsmāni	سنگ آسمانی
comète (f)	setāre-ye donbāle dār	ستارهٔ دنباله دار
astéroïde (m)	šahāb	شهاب
orbite (f)	madār	مدار
tourner (vi)	gardidan	گردیدن
atmosphère (f)	jav	جو
Soleil (m)	āftāb	آفتاب
système (m) solaire	manzume-ye šamsi	منظومه شمسی
éclipse (f) de soleil	kosuf	کسوف
Terre (f)	zamin	زمین
Lune (f)	māh	ماه
Mars (m)	merrix	مریخ
Vénus (f)	zahre	زهره
Jupiter (m)	moštari	مشتری
Saturne (m)	zohal	زحل
Mercure (m)	atārod	عطارد
Uranus (m)	orānus	اورانوس
Neptune	nepton	نپتون
Pluton (m)	poloton	پلوتون
la Voie Lactée	kahkešān rāh-e širi	کهکشان راه شیری
la Grande Ours	dobb-e akbar	دب اکبر
la Polaire	setāre-ye qotbi	ستاره قطبی
martien (m)	merrixi	مریخی
extraterrestre (m)	farā zamini	فرا زمینی

alien (m)	mowjud fazāyi	موجود فضایی
soucoupe (f) volante	bošqāb-e parande	بشقاب پرنده
vaisseau (m) spatial	fazā peymā	فضا پیما
station (f) orbitale	istgāh-e fazāyi	ایستگاه فضایی
lancement (m)	rāh andāzi	راه اندازی
moteur (m)	motor	موتور
tuyère (f)	nāzel	نازل
carburant (m)	suxt	سوخت
cabine (f)	kābin	کابین
antenne (f)	ānten	آنتن
hublot (m)	panjere	پنجره
batterie (f) solaire	bātri-ye xoršidi	باطری خورشیدی
scaphandre (m)	lebās-e fazānavardi	لباس فضانوردی
apesanteur (f)	bi vazni	بی وزنی
oxygène (m)	oksižen	اکسیژن
arrimage (m)	vasl	وصل
s'arrimer à ...	vasl kardan	وصل کردن
observatoire (m)	rasadxāne	رصدخانه
télescope (m)	teleskop	تلسکوپ
observer (vt)	mošāhede kardan	مشاهده کردن
explorer (un cosmos)	kašf kardan	کشف کردن

75. La Terre

Terre (f)	zamin	زمین
globe (m) terrestre	kare-ye zamin	کرۀ زمین
planète (f)	sayyāre	سیاره
atmosphère (f)	jav	جو
géographie (f)	joqrāfiyā	جغرافیا
nature (f)	tabi'at	طبیعت
globe (m) de table	kare-ye joqrāfiyāyi	کرۀ جغرافیایی
carte (f)	naqše	نقشه
atlas (m)	atlas	اطلس
Europe (f)	orupā	اروپا
Asie (f)	āsiyā	آسیا
Afrique (f)	āfriqā	آفریقا
Australie (f)	ostorāliyā	استرالیا
Amérique (f)	emrikā	امریکا
Amérique (f) du Nord	emrikā-ye šomāli	امریکای شمالی
Amérique (f) du Sud	emrikā-ye jonubi	امریکای جنوبی

| l'Antarctique (m) | qotb-e jonub | قطب جنوب |
| l'Arctique (m) | qotb-e šomāl | قطب شمال |

76. Les quatre parties du monde

nord (m)	šomāl	شمال
vers le nord	be šomāl	به شمال
au nord	dar šomāl	در شمال
du nord (adj)	šomāli	شمالى

sud (m)	jonub	جنوب
vers le sud	be jonub	به جنوب
au sud	dar jonub	در جنوب
du sud (adj)	jonubi	جنوبى

ouest (m)	qarb	غرب
vers l'occident	be qarb	به غرب
à l'occident	dar qarb	در غرب
occidental (adj)	qarbi	غربى

est (m)	šarq	شرق
vers l'orient	be šarq	به شرق
à l'orient	dar šarq	در شرق
oriental (adj)	šarqi	شرقى

77. Les océans et les mers

mer (f)	daryā	دريا
océan (m)	oqyānus	اقيانوس
golfe (m)	xalij	خليج
détroit (m)	tange	تنگه

| terre (f) ferme | zamin | زمين |
| continent (m) | qāre | قاره |

île (f)	jazire	جزيره
presqu'île (f)	šeb-e jazire	شبه جزيره
archipel (m)	majma'-ol-jazāyer	مجمع‌الجزاير

baie (f)	xalij-e kučak	خليج كوچک
port (m)	langargāh	لنگرگاه
lagune (f)	mordāb	مرداب
cap (m)	damāqe	دماغه

atoll (m)	jazire-ye marjāni	جزيره مرجانى
récif (m)	tappe-ye daryāyi	تپه دريايى
corail (m)	marjān	مرجان
récif (m) de corail	tappe-ye marjāni	تپه مرجانى

profond (adj)	amiq	عميق
profondeur (f)	omq	عمق
abîme (m)	partgāh	پرتگاه
fosse (f) océanique	derāz godāl	درازگودال

| courant (m) | jaryān | جريان |
| baigner (vt) (mer) | ehāte kardan | احاطه كردن |

| littoral (m) | sāhel | ساحل |
| côte (f) | sāhel | ساحل |

marée (f) haute	mod	مد
marée (f) basse	jazr	جزر
banc (m) de sable	sāhel-e šeni	ساحل شنى
fond (m)	qa'r	قعر

vague (f)	mowj	موج
crête (f) de la vague	nok	نوک
mousse (f)	kaf	كف

tempête (f) en mer	tufān-e daryāyi	طوفان دريايى
ouragan (m)	tufān	طوفان
tsunami (m)	sonāmi	سونامى
calme (m)	sokun-e daryā	سكون دريا
calme (tranquille)	ārām	آرام

| pôle (m) | qotb | قطب |
| polaire (adj) | qotbi | قطبى |

latitude (f)	arz-e joqrāfiyāyi	عرض جغرافيايى
longitude (f)	tul-e joqrāfiyāyi	طول جغرافيايى
parallèle (f)	movāzi	موازى
équateur (m)	xatt-e ostavā	خط استوا

ciel (m)	āsemān	آسمان
horizon (m)	ofoq	افق
air (m)	havā	هوا

phare (m)	fānus-e daryāyi	فانوس دريايى
plonger (vi)	širje raftan	شيرجه رفتن
sombrer (vi)	qarq šodan	غرق شدن
trésor (m)	ganj	گنج

78. Les noms des mers et des océans

océan (m) Atlantique	oqyānus-e atlas	اقيانوس اطلس
océan (m) Indien	oqyānus-e hend	اقيانوس هند
océan (m) Pacifique	oqyānus-e ārām	اقيانوس آرام
océan (m) Glacial	oqyānus-e monjamed-e šomāli	اقيانوس منجمد شمالى

mer (f) Noire	daryā-ye siyāh	دریای سیاه
mer (f) Rouge	daryā-ye sorx	دریای سرخ
mer (f) Jaune	daryā-ye zard	دریای زرد
mer (f) Blanche	daryā-ye sefid	دریای سفید

mer (f) Caspienne	daryā-ye xazar	دریای خزر
mer (f) Morte	daryā-ye morde	دریای مرده
mer (f) Méditerranée	daryā-ye meditarāne	دریای مدیترانه

| mer (f) Égée | daryā-ye eže | دریای اژه |
| mer (f) Adriatique | daryā-ye ādriyātik | دریای آدریاتیک |

mer (f) Arabique	daryā-ye arab	دریای عرب
mer (f) du Japon	daryā-ye žāpon	دریای ژاپن
mer (f) de Béring	daryā-ye brinq	دریای برینگ
mer (f) de Chine Méridionale	daryā-ye čin-e jonubi	دریای چین جنوبی

mer (f) de Corail	daryā-ye marjān	دریای مرجان
mer (f) de Tasman	daryā-ye tās-emān	دریای تاسمان
mer (f) Caraïbe	daryā-ye kārāib	دریای کارائیب

| mer (f) de Barents | daryā-ye barntz | دریای بارنتز |
| mer (f) de Kara | daryā-ye kārā | دریای کارا |

mer (f) du Nord	daryā-ye šomāl	دریای شمال
mer (f) Baltique	daryā-ye bāltik	دریای بالتیک
mer (f) de Norvège	daryā-ye norvež	دریای نروژ

79. Les montagnes

montagne (f)	kuh	کوه
chaîne (f) de montagnes	rešte-ye kuh	رشته کوه
crête (f)	selsele-ye jebāl	سلسله جبال

sommet (m)	qolle	قله
pic (m)	qolle	قله
pied (m)	dāmane-ye kuh	دامنهٔ کوه
pente (f)	šib	شیب

volcan (m)	ātaš-fešān	آتشفشان
volcan (m) actif	ātaš-fešān-e fa'āl	آتش فشان فعال
volcan (m) éteint	ātaš-fešān-e xāmuš	آتش فشان خاموش

éruption (f)	favarān	فوران
cratère (m)	dahāne-ye ātašfešān	دهانهٔ آتش فشان
magma (m)	māgmā	ماگما
lave (f)	godāze	گدازه
en fusion (lave ~)	godāxte	گداخته
canyon (m)	tange	تنگه

défilé (m) (gorge)	darre-ye tang	دره تنگ
crevasse (f)	tange	تنگه
précipice (m)	partgāh	پرتگاه

col (m) de montagne	gozargāh	گذرگاه
plateau (m)	falāt	فلات
rocher (m)	saxre	صخره
colline (f)	tappe	تپه

glacier (m)	yaxčāl	يخچال
chute (f) d'eau	ābšār	آبشار
geyser (m)	češme-ye āb-e garm	چشمهٔ آب گرم
lac (m)	daryāče	درياچه

plaine (f)	jolge	جلگه
paysage (m)	manzare	منظره
écho (m)	en'ekās-e sowt	انعکاس صوت

alpiniste (m)	kuhnavard	کوهنورد
varappeur (m)	saxre-ye navard	صخره نورد
conquérir (vt)	fath kardan	فتح کردن
ascension (f)	so'ud	صعود

80. Les noms des chaînes de montagne

Alpes (f pl)	ālp	آلپ
Mont Blanc (m)	moan belān	مون بلان
Pyrénées (f pl)	pirene	پيرنه

Carpates (f pl)	kuhhā-ye kārpāt	کوههای کارپات
Monts Oural (m pl)	kuhe-i orāl	کوههای اورال
Caucase (m)	qafqāz	قفقاز
Elbrous (m)	alborz	البرز

Altaï (m)	āltāy	آلتای
Tian Chan (m)	tiyān šān	تیان شان
Pamir (m)	pāmir	پامیر
Himalaya (m)	himāliyā-vo	هیمالیا
Everest (m)	everest	اورست

| Andes (f pl) | ānd | آند |
| Kilimandjaro (m) | kelimānjāro | کلیمانجارو |

81. Les fleuves

rivière (f), fleuve (m)	rudxāne	رودخانه
source (f)	češme	چشمه
lit (m) (d'une rivière)	bastar	بستر

bassin (m)	howze	حوضه
se jeter dans ...	rixtan	ریختن
affluent (m)	enše'āb	انشعاب
rive (f)	sāhel	ساحل
courant (m)	jaryān	جریان
en aval	be samt-e pāin-e rudxāne	به سمت پائین رودخانه
en amont	be samt-e bālā-ye rudxāne	به سمت بالای رودخانه
inondation (f)	seyl	سیل
les grandes crues	toqyān	طغیان
déborder (vt)	toqyān kardan	طغیان کردن
inonder (vt)	toqyān kardan	طغیان کردن
bas-fond (m)	tangāb	تنگاب
rapide (m)	tondāb	تندآب
barrage (m)	sad	سد
canal (m)	kānāl	کانال
lac (m) de barrage	maxzan-e āb	مخزن آب
écluse (f)	ābgir	آبگیر
plan (m) d'eau	maxzan-e āb	مخزن آب
marais (m)	bātlāq	باتلاق
fondrière (f)	lajan zār	لجن زار
tourbillon (m)	gerdāb	گرداب
ruisseau (m)	ravad	رود
potable (adj)	āšāmidani	آشامیدنی
douce (l'eau ~)	širin	شیرین
glace (f)	yax	یخ
être gelé	yax bastan	یخ بستن

82. Les noms des fleuves

Seine (f)	sen	سن
Loire (f)	lavār	لوآر
Tamise (f)	timz	تیمز
Rhin (m)	rāyn	راین
Danube (m)	dānub	دانوب
Volga (f)	volgā	ولگا
Don (m)	don	دن
Lena (f)	lenā	لنا
Huang He (m)	rud-e zard	رود زرد
Yangzi Jiang (m)	yāng tese	یانگ تسه

Mékong (m)	mekung	مکونگ
Gange (m)	gong	گنگ
Nil (m)	neyl	نیل
Congo (m)	kongo	کنگو
Okavango (m)	okavango	اوکاوانگو
Zambèze (m)	zāmbezi	زامبزی
Limpopo (m)	rud-e limpupu	رود لیمپوپو
Mississippi (m)	mi si si pi	می سی سی پی

83. La forêt

forêt (f)	jangal	جنگل
forestier (adj)	jangali	جنگلی
fourré (m)	jangal-e anbuh	جنگل انبوه
bosquet (m)	biše	بیشه
clairière (f)	marqzār	مرغزار
broussailles (f pl)	biše-hā	بیشه ها
taillis (m)	bute zār	بوته زار
sentier (m)	kure-ye rāh	کوره راه
ravin (m)	darre	دره
arbre (m)	deraxt	درخت
feuille (f)	barg	برگ
feuillage (m)	šāx-o barg	شاخ و برگ
chute (f) de feuilles	barg rizi	برگ ریزی
tomber (feuilles)	rixtan	ریختن
sommet (m)	nok	نوک
rameau (m)	šāxe	شاخه
branche (f)	šāxe	شاخه
bourgeon (m)	šokufe	شکوفه
aiguille (f)	suzan	سوزن
pomme (f) de pin	maxrut-e kāj	مخروط کاج
creux (m)	surāx	سوراخ
nid (m)	lāne	لانه
terrier (m) (~ d'un renard)	lāne	لانه
tronc (m)	tane	تنه
racine (f)	riše	ریشه
écorce (f)	pust	پوست
mousse (f)	xaze	خزه
déraciner (vt)	rišekan kardan	ریشه کن کردن
abattre (un arbre)	boridan	بریدن

déboiser (vt)	boridan	بریدن
souche (f)	kande-ye deraxt	کندۀ درخت
feu (m) de bois	ātaš	آتش
incendie (m)	ātaš suzi	آتش سوزی
éteindre (feu)	xāmuš kardan	خاموش کردن
garde (m) forestier	jangal bān	جنگل بان
protection (f)	mohāfezat	محافظت
protéger (vt)	mohāfezat kardan	محافظت کردن
braconnier (m)	šekārči-ye qeyr-e qānuni	شکارچی غیر قانونی
piège (m) à mâchoires	tale	تله
cueillir (vt)	čidan	چیدن
s'égarer (vp)	gom šodan	گم شدن

84. Les ressources naturelles

ressources (f pl) naturelles	manābe-'e tabii	منابع طبیعی
minéraux (m pl)	mavādd-e ma'dani	مواد معدنی
gisement (m)	tah nešast	ته نشست
champ (m) (~ pétrolifère)	meydān	میدان
extraire (vt)	estexrāj kardan	استخراج کردن
extraction (f)	estexrāj	استخراج
minerai (m)	sang-e ma'dani	سنگ معدنی
mine (f) (site)	ma'dan	معدن
puits (m) de mine	ma'dan	معدن
mineur (m)	ma'danči	معدنچی
gaz (m)	gāz	گاز
gazoduc (m)	lule-ye gāz	لولۀ گاز
pétrole (m)	naft	نفت
pipeline (m)	lule-ye naft	لولۀ نفت
tour (f) de forage	čāh-e naft	چاه نفت
derrick (m)	dakal-e haffāri	دکل حفاری
pétrolier (m)	tānker	تانکر
sable (m)	šen	شن
calcaire (m)	sang-e āhak	سنگ آهک
gravier (m)	sangrize	سنگریزه
tourbe (f)	turb	تورب
argile (f)	xāk-e ros	خاک رس
charbon (m)	zoqāl sang	زغال سنگ
fer (m)	āhan	آهن
or (m)	talā	طلا
argent (m)	noqre	نقره
nickel (m)	nikel	نیکل

cuivre (m)	mes	مس
zinc (m)	ruy	روی
manganèse (m)	mangenez	منگنز
mercure (m)	jive	جیوه
plomb (m)	sorb	سرب
minéral (m)	mādde-ye ma'dani	مادۀ معدنی
cristal (m)	bolur	بلور
marbre (m)	marmar	مرمر
uranium (m)	orāniyom	اورانیوم

85. Le temps

temps (m)	havā	هوا
météo (f)	piš bini havā	پیش بینی هوا
température (f)	damā	دما
thermomètre (m)	damāsanj	دماسنج
baromètre (m)	havāsanj	هواسنج
humide (adj)	martub	مرطوب
humidité (f)	rotubat	رطوبت
chaleur (f) (canicule)	garmā	گرما
torride (adj)	dāq	داغ
il fait très chaud	havā xeyli garm ast	هوا خیلی گرم است
il fait chaud	havā garm ast	هوا گرم است
chaud (modérément)	garm	گرم
il fait froid	sard ast	سرد است
froid (adj)	sard	سرد
soleil (m)	āftāb	آفتاب
briller (soleil)	tābidan	تابیدن
ensoleillé (jour ~)	āftābi	آفتابی
se lever (vp)	tolu' kardan	طلوع کردن
se coucher (vp)	qorob kardan	غروب کردن
nuage (m)	abr	ابر
nuageux (adj)	abri	ابری
nuée (f)	abr-e bārānzā	ابر باران زا
sombre (adj)	tire	تیره
pluie (f)	bārān	باران
il pleut	bārān mibārad	باران می بارد
pluvieux (adj)	bārāni	بارانی
bruiner (v imp)	nam-nam bāridan	نم نم باریدن
pluie (f) torrentielle	bārān šodid	باران شدید
averse (f)	ragbār	رگبار

forte (la pluie ~)	šadid	شدید
flaque (f)	čāle	چاله
se faire mouiller	xis šodan	خیس شدن

brouillard (m)	meh	مه
brumeux (adj)	meh ālud	مه آلود
neige (f)	barf	برف
il neige	barf mibārad	برف می بارد

86. Les intempéries. Les catastrophes naturelles

orage (m)	tufān	طوفان
éclair (m)	barq	برق
éclater (foudre)	barq zadan	برق زدن

tonnerre (m)	ra'd	رعد
gronder (tonnerre)	qorridan	غریدن
le tonnerre gronde	ra'd mizanad	رعد می زند

| grêle (f) | tagarg | تگرگ |
| il grêle | tagarg mibārad | تگرگ می بارد |

| inonder (vt) | toqyān kardan | طغیان کردن |
| inondation (f) | seyl | سیل |

tremblement (m) de terre	zamin-larze	زمین لرزه
secousse (f)	tekān	تکان
épicentre (m)	kānun-e zaminlarze	کانون زمین لرزه

| éruption (f) | favarān | فوران |
| lave (f) | godāze | گدازه |

| tourbillon (m), tornade (f) | gerdbād | گردباد |
| typhon (m) | tufān | طوفان |

ouragan (m)	tufān	طوفان
tempête (f)	tufān	طوفان
tsunami (m)	sonāmi	سونامی

cyclone (m)	gerdbād	گردباد
intempéries (f pl)	havā-ye bad	هوای بد
incendie (m)	ātaš suzi	آتش سوزی

| catastrophe (f) | balā-ye tabi'i | بلای طبیعی |
| météorite (m) | sang-e āsmāni | سنگ آسمانی |

avalanche (f)	bahman	بهمن
éboulement (m)	bahman	بهمن
blizzard (m)	kulāk	کولاک
tempête (f) de neige	barf-o burān	برف و بوران

LA FAUNE

T&P Books Publishing

prédateur (m)	heyvān-e darande	حیوان درنده
tigre (m)	bebar	ببر
lion (m)	šir	شیر
loup (m)	gorg	گرگ
renard (m)	rubāh	روباه
jaguar (m)	jagvār	جگوار
léopard (m)	palang	پلنگ
guépard (m)	yuzpalang	یوزپلنگ
panthère (f)	palang-e siyāh	پلنگ سیاه
puma (m)	yuzpalang	یوزپلنگ
léopard (m) de neiges	palang-e barfi	پلنگ برفی
lynx (m)	siyāh guš	سیاه گوش
coyote (m)	gorg-e sahrāyi	گرگ صحرایی
chacal (m)	šoqāl	شغال
hyène (f)	kaftār	کفتار

animal (m)	heyvān	حیوان
bête (f)	heyvān	حیوان
écureuil (m)	sanjāb	سنجاب
hérisson (m)	xārpošt	خارپشت
lièvre (m)	xarguš	خرگوش
lapin (m)	xarguš	خرگوش
blaireau (m)	gurkan	گورکن
raton (m)	rākon	راکون
hamster (m)	muš-e bozorg	موش بزرگ
marmotte (f)	muš-e xormā-ye kuhi	موش خرمای کوهی
taupe (f)	muš-e kur	موش کور
souris (f)	muš	موش
rat (m)	muš-e sahrāyi	موش صحرایی
chauve-souris (f)	xoffāš	خفاش
hermine (f)	qāqom	قاقم
zibeline (f)	samur	سمور
martre (f)	samur	سمور

belette (f)	rāsu	راسو
vison (m)	tire-ye rāsu	تیره راسو
castor (m)	sag-e ābi	سگ آبی
loutre (f)	samur ābi	سمور آبی
cheval (m)	asb	اسب
élan (m)	gavazn	گوزن
cerf (m)	āhu	آهو
chameau (m)	šotor	شتر
bison (m)	gāvmiš	گاومیش
aurochs (m)	gāv miš	گاو میش
buffle (m)	bufālo	بوفالو
zèbre (m)	gurexar	گورخر
antilope (f)	boz-e kuhi	بز کوهی
chevreuil (m)	šukā	شوکا
biche (f)	qazāl	غزال
chamois (m)	boz-e kuhi	بز کوهی
sanglier (m)	gorāz	گراز
baleine (f)	nahang	نهنگ
phoque (m)	fak	فک
morse (m)	širmāhi	شیرماهی
ours (m) de mer	gorbe-ye ābi	گربۀ آبی
dauphin (m)	delfin	دلفین
ours (m)	xers	خرس
ours (m) blanc	xers-e sefid	خرس سفید
panda (m)	pāndā	پاندا
singe (m)	meymun	میمون
chimpanzé (m)	šampānze	شمپانزه
orang-outang (m)	orāngutān	اورانگوتان
gorille (m)	guril	گوریل
macaque (m)	mākāk	ماکاک
gibbon (m)	gibon	گیبون
éléphant (m)	fil	فیل
rhinocéros (m)	kargadan	کرگدن
girafe (f)	zarrāfe	زرافه
hippopotame (m)	asb-e ābi	اسب آبی
kangourou (m)	kāngoro	کانگورو
koala (m)	kovālā	کوالا
mangouste (f)	xadang	خدنگ
chinchilla (m)	čin čila	چین چیلا
mouffette (f)	rāsu-ye badbu	راسوی بدبو
porc-épic (m)	taši	تشی

89. Les animaux domestiques

chat (m) (femelle)	gorbe	گربه
chat (m) (mâle)	gorbe-ye nar	گربهٔ نر
chien (m)	sag	سگ
cheval (m)	asb	اسب
étalon (m)	asb-e nar	اسب نر
jument (f)	mādiyān	مادیان
vache (f)	gāv	گاو
taureau (m)	gāv-e nar	گاو نر
bœuf (m)	gāv-e axte	گاو اخته
brebis (f)	gusfand	گوسفند
mouton (m)	gusfand-e nar	گوسفند نر
chèvre (f)	boz-e mādde	بز ماده
bouc (m)	boz-e nar	بز نر
âne (m)	xar	خر
mulet (m)	qāter	قاطر
cochon (m)	xuk	خوک
pourceau (m)	bače-ye xuk	بچهٔ خوک
lapin (m)	xarguš	خرگوش
poule (f)	morq	مرغ
coq (m)	xorus	خروس
canard (m)	ordak	اردک
canard (m) mâle	ordak-e nar	اردک نر
oie (f)	qāz	غاز
dindon (m)	buqalamun-e nar	بوقلمون نر
dinde (f)	buqalamun-e māde	بوقلمون ماده
animaux (m pl) domestiques	heyvānāt-e ahli	حیوانات اهلی
apprivoisé (adj)	ahli	اهلی
apprivoiser (vt)	rām kardan	رام کردن
élever (vt)	parvareš dādan	پرورش دادن
ferme (f)	mazrae	مزرعه
volaille (f)	morq-e xānegi	مرغ خانگی
bétail (m)	dām	دام
troupeau (m)	galle	گله
écurie (f)	establ	اصطبل
porcherie (f)	āqol xuk	آغل خوک
vacherie (f)	āqol gāv	آغل گاو
cabane (f) à lapins	lanye xarguš	لانه خرگوش
poulailler (m)	morq dāni	مرغ دانی

90. Les oiseaux

oiseau (m)	parande	پرنده
pigeon (m)	kabutar	کبوتر
moineau (m)	gonješk	گنجشک
mésange (f)	morq-e zanburxār	مرغ زنبورخوار
pie (f)	zāqi	زاغی
corbeau (m)	kalāq-e siyāh	کلاغ سیاه
corneille (f)	kalāq	کلاغ
choucas (m)	zāq	زاغ
freux (m)	kalāq-e siyāh	کلاغ سیاه
canard (m)	ordak	اردک
oie (f)	qāz	غاز
faisan (m)	qarqāvol	قرقاول
aigle (m)	oqāb	عقاب
épervier (m)	qerqi	قرقی
faucon (m)	šāhin	شاهین
vautour (m)	karkas	کرکس
condor (m)	karkas-e emrikāyi	کرکس امریکایی
cygne (m)	qu	قو
grue (f)	dornā	درنا
cigogne (f)	lak lak	لک لک
perroquet (m)	tuti	طوطی
colibri (m)	morq-e magas-e xār	مرغ مگس خوار
paon (m)	tāvus	طاووس
autruche (f)	šotormorq	شترمرغ
héron (m)	havāsil	حواصیل
flamant (m)	felāmingo	فلامینگو
pélican (m)	pelikān	پلیکان
rossignol (m)	bolbol	بلبل
hirondelle (f)	parastu	پرستو
merle (m)	bāstarak	باسترک
grive (f)	torqe	طرقه
merle (m) noir	tukā-ye siyāh	توکای سیاه
martinet (m)	bādxorak	بادخورک
alouette (f) des champs	čakāvak	چکاوک
caille (f)	belderčin	بلدرچین
pivert (m)	dārkub	دارکوب
coucou (m)	fāxte	فاخته
chouette (f)	joqd	جغد
hibou (m)	šāh buf	شاه بوف

tétras (m)	siāh xorus	سياه خروس
tétras-lyre (m)	siāh xorus-e jangali	سياه خروس جنگلی
perdrix (f)	kabk	کبک
étourneau (m)	sār	سار
canari (m)	qanāri	قناری
gélinotte (f) des bois	siyāh xorus-e fandoqi	سياه خروس فندقی
pinson (m)	sehre-ye jangali	سهره جنگلی
bouvreuil (m)	sohre sar-e siyāh	سهره سر سياه
mouette (f)	morq-e daryāyi	مرغ دريايی
albatros (m)	morq-e daryāyi	مرغ دريايی
pingouin (m)	pangoan	پنگوئن

91. Les poissons. Les animaux marins

brème (f)	māhi-ye sim	ماهی سيم
carpe (f)	kapur	کپور
perche (f)	māhi-e luti	ماهی لوتی
silure (m)	gorbe-ye māhi	گربه ماهی
brochet (m)	ordak māhi	اردک ماهی
saumon (m)	māhi-ye salemon	ماهی سالمون
esturgeon (m)	māhi-ye xāviār	ماهی خاويار
hareng (m)	māhi-ye šur	ماهی شور
saumon (m) atlantique	sālmon-e atlāntik	سالمون اتلانتيک
maquereau (m)	māhi-ye esqumeri	ماهی اسقومری
flet (m)	sofre māhi	سفره ماهی
sandre (f)	suf	سوف
morue (f)	māhi-ye rowqan	ماهی روغن
thon (m)	tan māhi	تن ماهی
truite (f)	māhi-ye qezelālā	ماهی قزل آلا
anguille (f)	mārmāhi	مارماهی
torpille (f)	partomahiye barqi	پرتوماهی برقی
murène (f)	mārmāhi	مارماهی
piranha (m)	pirānā	پيرانا
requin (m)	kuse-ye māhi	کوسه ماهی
dauphin (m)	delfin	دلفين
baleine (f)	nahang	نهنگ
crabe (m)	xarčang	خرچنگ
méduse (f)	arus-e daryāyi	عروس دريايی
pieuvre (f), poulpe (m)	hašt pā	هشت پا
étoile (f) de mer	setāre-ye daryāyi	ستاره دريايی
oursin (m)	xārpošt-e daryāyi	خارپشت دريايی

hippocampe (m)	asb-e daryāyi	اسب دریایی
huître (f)	sadaf-e xorāki	صدف خوراکی
crevette (f)	meygu	میگو
homard (m)	xarčang-e daryāyi	خرچنگ دریایی
langoustine (f)	xarčang-e xārdār	خرچنگ خاردار

92. Les amphibiens. Les reptiles

serpent (m)	mār	مار
venimeux (adj)	sammi	سمی
vipère (f)	af'i	افعی
cobra (m)	kobrā	کبرا
python (m)	mār-e pinton	مار پیتون
boa (m)	mār-e bwa	مار بوا
couleuvre (f)	mār-e čaman	مار چمن
serpent (m) à sonnettes	mār-e zangi	مار زنگی
anaconda (m)	mār-e ānākondā	مار آناکوندا
lézard (m)	susmār	سوسمار
iguane (m)	susmār-e deraxti	سوسمار درختی
varan (m)	bozmajje	بزمجه
salamandre (f)	samandar	سمندر
caméléon (m)	āftāb-parast	آفتاب پرست
scorpion (m)	aqrab	عقرب
tortue (f)	lāk pošt	لاک پشت
grenouille (f)	qurbāqe	قورباغه
crapaud (m)	vazaq	وزغ
crocodile (m)	temsāh	تمساح

93. Les insectes

insecte (m)	hašare	حشره
papillon (m)	parvāne	پروانه
fourmi (f)	murče	مورچه
mouche (f)	magas	مگس
moustique (m)	paše	پشه
scarabée (m)	susk	سوسک
guêpe (f)	zanbur	زنبور
abeille (f)	zanbur-e asal	زنبور عسل
bourdon (m)	xar zanbur	خرزنبور
œstre (m)	xarmagas	خرمگس
araignée (f)	ankabut	عنکبوت
toile (f) d'araignée	tār-e ankabut	تارعنکبوت

libellule (f)	sanjāqak	سنجاقک
sauterelle (f)	malax	ملخ
papillon (m)	bid	بید
cafard (m)	susk	سوسک
tique (f)	kane	کنه
puce (f)	kak	کک
moucheron (m)	paše-ye rize	پشه ریزه
criquet (m)	malax	ملخ
escargot (m)	halazun	حلزون
grillon (m)	jirjirak	جیرجیرک
luciole (f)	kerm-e šab-tāb	کرم شب تاب
coccinelle (f)	kafšduzak	کفشدوزک
hanneton (m)	susk bāldār	سوسک بالدار
sangsue (f)	zālu	زالو
chenille (f)	kerm-e abrišam	کرم ابریشم
ver (m)	kerm	کرم
larve (f)	lārv	لارو

T&P BOOKS

LA FLORE

T&P Books Publishing

arbre (m)	deraxt	درخت
à feuilles caduques	barg riz	برگ ریز
conifère (adj)	maxrutiyān	مخروطیان
à feuilles persistantes	hamiše sabz	همیشه سبز
pommier (m)	deraxt-e sib	درخت سیب
poirier (m)	golābi	گلابی
merisier (m)	gilās	گیلاس
cerisier (m)	ālbālu	آلبالو
prunier (m)	ālu	آلو
bouleau (m)	tus	توس
chêne (m)	balut	بلوط
tilleul (m)	zirfun	زیرفن
tremble (m)	senowbar-e larzān	صنوبر لرزان
érable (m)	afrā	افرا
épicéa (m)	senowbar	صنوبر
pin (m)	kāj	کاج
mélèze (m)	senowbar-e ārāste	صنوبر آراسته
sapin (m)	šāh deraxt	شاه درخت
cèdre (m)	sedr	سدر
peuplier (m)	sepidār	سپیدار
sorbier (m)	zabān gonješk-e kuhi	زبان گنجشک کوهی
saule (m)	bid	بید
aune (m)	tuskā	توسکا
hêtre (m)	rāš	راش
orme (m)	nārvan-e qermez	نارون قرمز
frêne (m)	zabān-e gonješk	زبان گنجشک
marronnier (m)	šāh balut	شاه بلوط
magnolia (m)	māgnoliyā	ماگنولیا
palmier (m)	naxl	نخل
cyprès (m)	sarv	سرو
palétuvier (m)	karnā	کرنا
baobab (m)	bāobāb	بائوباب
eucalyptus (m)	okaliptus	اوکالیپتوس
séquoia (m)	sorx-e čub	سرخ چوب

95. Les arbustes

buisson (m)	bute	بوته
arbrisseau (m)	bute zār	بوته زار
vigne (f)	angur	انگور
vigne (f) (vignoble)	tākestān	تاکستان
framboise (f)	tamešk	تمشک
cassis (m)	angur-e farangi-ye siyāh	انگور فرنگی سیاه
groseille (f) rouge	angur-e farangi-ye sorx	انگور فرنگی سرخ
groseille (f) verte	angur-e farangi	انگور فرنگی
acacia (m)	aqāqiyā	اقاقیا
berbéris (m)	zerešk	زرشک
jasmin (m)	yāsaman	یاسمن
genévrier (m)	ardaj	اردج
rosier (m)	bute-ye gol-e mohammadi	بوتهٔ گل محمدی
églantier (m)	nastaran	نسترن

96. Les fruits. Les baies

fruit (m)	mive	میوه
fruits (m pl)	mive jāt	میوه جات
pomme (f)	sib	سیب
poire (f)	golābi	گلابی
prune (f)	ālu	آلو
fraise (f)	tut-e farangi	توت فرنگی
cerise (f)	ālbālu	آلبالو
merise (f)	gilās	گیلاس
raisin (m)	angur	انگور
framboise (f)	tamešk	تمشک
cassis (m)	angur-e farangi-ye siyāh	انگور فرنگی سیاه
groseille (f) rouge	angur-e farangi-ye sorx	انگور فرنگی سرخ
groseille (f) verte	angur-e farangi	انگور فرنگی
canneberge (f)	nārdānak-e vahši	ناردانک وحشی
orange (f)	porteqāl	پرتقال
mandarine (f)	nārengi	نارنگی
ananas (m)	ānānās	آناناس
banane (f)	mowz	موز
datte (f)	xormā	خرما
citron (m)	limu	لیمو
abricot (m)	zardālu	زردآلو

pêche (f)	holu	هلو
kiwi (m)	kivi	کیوی
pamplemousse (m)	gerip forut	گریپ فوروت

baie (f)	mive-ye butei	میوهٔ بوته ای
baies (f pl)	mivehā-ye butei	میوه های بوته ای
airelle (f) rouge	tut-e farangi-ye jangali	توت فرنگی جنگلی
fraise (f) des bois	zoqāl axte	زغال اخته
myrtille (f)	zoqāl axte	زغال اخته

97. Les fleurs. Les plantes

| fleur (f) | gol | گل |
| bouquet (m) | daste-ye gol | دسته گل |

rose (f)	gol-e sorx	گل سرخ
tulipe (f)	lāle	لاله
oeillet (m)	mixak	میخک
glaïeul (m)	susan-e sefid	سوسن سفید

bleuet (m)	gol-e gandom	گل گندم
campanule (f)	gol-e estekāni	گل استکانی
dent-de-lion (f)	gol-e qāsedak	گل قاصدک
marguerite (f)	bābune	بابونه

aloès (m)	oloviye	آلوئه
cactus (m)	kāktus	کاکتوس
ficus (m)	fikus	فیکوس

lis (m)	susan	سوسن
géranium (m)	gol-e šam'dāni	گل شمعدانی
jacinthe (f)	sonbol	سنبل

mimosa (m)	mimosā	میموسا
jonquille (f)	narges	نرگس
capucine (f)	gol-e lādan	گل لادن

orchidée (f)	orkide	ارکیده
pivoine (f)	gol-e ašrafi	گل اشرفی
violette (f)	banafše	بنفشه

pensée (f)	banafše-ye farangi	بنفشه فرنگی
myosotis (m)	gol-e farāmuš-am makon	گل فراموشم مکن
pâquerette (f)	gol-e morvārid	گل مروارید

coquelicot (m)	xašxāš	خشخاش
chanvre (m)	šāh dāne	شاه دانه
menthe (f)	na'nā'	نعناع
muguet (m)	muge	موگه
perce-neige (f)	gol-e barfi	گل برفی

ortie (f)	gazane	گزنه
oseille (f)	toršak	ترشک
nénuphar (m)	nilufar-e abi	نیلوفر آبی
fougère (f)	saraxs	سرخس
lichen (m)	golesang	گلسنگ

serre (f) tropicale	golxāne	گلخانه
gazon (m)	čaman	چمن
parterre (m) de fleurs	baqče-ye gol	باغچه گل

plante (f)	giyāh	گیاه
herbe (f)	alaf	علف
brin (m) d'herbe	alaf	علف

feuille (f)	barg	برگ
pétale (m)	golbarg	گلبرگ
tige (f)	sāqe	ساقه
tubercule (m)	riše	ریشه

| pousse (f) | javāne | جوانه |
| épine (f) | xār | خار |

fleurir (vi)	gol kardan	گل کردن
se faner (vp)	pažmorde šodan	پژمرده شدن
odeur (f)	bu	بو
couper (vt)	boridan	بریدن
cueillir (fleurs)	kandan	کندن

98. Les céréales

grains (m pl)	dāne	دانه
céréales (f pl) (plantes)	qallāt	غلات
épi (m)	xuše	خوشه

blé (m)	gandom	گندم
seigle (m)	čāvdār	چاودار
avoine (f)	jow-e sahrāyi	جو صحرایی

| millet (m) | arzan | ارزن |
| orge (f) | jow | جو |

maïs (m)	zorrat	ذرت
riz (m)	berenj	برنج
sarrasin (m)	gandom-e siyāh	گندم سیاه

pois (m)	noxod	نخود
haricot (m)	lubiyā qermez	لوبیا قرمز
soja (m)	sowyā	سویا
lentille (f)	adas	عدس
fèves (f pl)	lubiyā	لوبیا

LES PAYS DU MONDE

T&P Books Publishing

Afghanistan (m)	afqānestān	افغانستان
Albanie (f)	ālbāni	آلبانی
Allemagne (f)	ālmān	آلمان
Angleterre (f)	engelestān	انگلستان
Arabie (f) Saoudite	arabestān-e soʻudi	عربستان سعودی
Argentine (f)	āržāntin	آرژانتین
Arménie (f)	armanestān	ارمنستان
Australie (f)	ostorāliyā	استرالیا
Autriche (f)	otriš	اتریش
Azerbaïdjan (m)	āzarbāyjān	آذربایجان
Bahamas (f pl)	bāhāmā	باهاما
Bangladesh (m)	bangelādeš	بنگلادش
Belgique (f)	belžik	بلژیک
Biélorussie (f)	belārus	بلاروس
Bolivie (f)	bulivi	بولیوی
Bosnie (f)	bosni-yo herzogovin	بوسنی وهرزگوین
Brésil (m)	berezil	برزیل
Bulgarie (f)	bolqārestān	بلغارستان
Cambodge (m)	kāmboj	کامبوج
Canada (m)	kānādā	کانادا
Chili (m)	šhili	شیلی
Chine (f)	čin	چین
Chypre (m)	qebres	قبرس
Colombie (f)	kolombiyā	کلمبیا
Corée (f) du Nord	kare-ye šomāli	کرۀ شمالی
Corée (f) du Sud	kare-ye jonubi	کرۀ جنوبی
Croatie (f)	korovāsi	کرواسی
Cuba (f)	kubā	کوبا
Danemark (m)	dānmārk	دانمارک
Écosse (f)	eskātland	اسکاتلند
Égypte (f)	mesr	مصر
Équateur (m)	ekvādor	اکوادور
Espagne (f)	espāniyā	اسپانیا
Estonie (f)	estoni	استونی
Les États Unis	eyālāt-e mottahede-ye emrikā	ایالات متحدۀ امریکا
Fédération (f) des Émirats Arabes Unis	emārāt-e mottahede-ye arabi	امارات متحده عربی
Finlande (f)	fanlānd	فنلاند
France (f)	farānse	فرانسه

Géorgie (f)	gorjestān	گرجستان
Ghana (m)	qanā	غنا
Grande-Bretagne (f)	beritāniyā-ye kabir	بریتانیای کبیر
Grèce (f)	yunān	یونان

100. Les pays du monde. Partie 2

| Haïti (m) | hāiti | هائیتی |
| Hongrie (f) | majārestān | مجارستان |

Inde (f)	hendustān	هندوستان
Indonésie (f)	andonezi	اندونزی
Iran (m)	irān	ایران
Iraq (m)	arāq	عراق
Irlande (f)	irland	ایرلند
Islande (f)	island	ایسلند
Israël (m)	esrāil	اسرائیل
Italie (f)	itāliyā	ایتالیا

Jamaïque (f)	jāmāikā	جامائیکا
Japon (m)	žāpon	ژاپن
Jordanie (f)	ordon	اردن
Kazakhstan (m)	qazzāqestān	قزاقستان
Kenya (m)	keniyā	کنیا
Kirghizistan (m)	qerqizestān	قرقیزستان
Koweït (m)	koveyt	کویت

Laos (m)	lāus	لائوس
Lettonie (f)	letuni	لتونی
Liban (m)	lobnān	لبنان
Libye (f)	libi	لیبی
Liechtenstein (m)	lixteneštāyn	لیختن‌اشتاین
Lituanie (f)	litvāni	لیتوانی
Luxembourg (m)	lokzāmborg	لوکزامبورگ

Macédoine (f)	jomhuri-ye maqduniye	جمهوری مقدونیه
Madagascar (f)	mādāgāskār	ماداگاسکار
Malaisie (f)	mālezi	مالزی
Malte (f)	mālt	مالت
Maroc (m)	marākeš	مراکش
Mexique (m)	mekzik	مکزیک
Moldavie (f)	moldāvi	مولداوی

Monaco (m)	monāko	موناکو
Mongolie (f)	moqolestān	مغولستان
Monténégro (m)	montenegro	مونتنگرو
Myanmar (m)	miyānmār	میانمار
Namibie (f)	nāmibiyā	نامیبیا
Népal (m)	nepāl	نپال
Norvège (f)	norvež	نروژ

| Nouvelle Zélande (f) | niyuzland | نیوزلند |
| Ouzbékistan (m) | ozbakestān | ازبکستان |

101. Les pays du monde. Partie 3

Pakistan (m)	pākestān	پاکستان
Palestine (f)	felestin	فلسطین
Panamá (m)	pānāmā	پاناما
Paraguay (m)	pārāgue	پاراگوئه
Pays-Bas (m)	holand	هلند

Pérou (m)	porov	پرو
Pologne (f)	lahestān	لهستان
Polynésie (f) Française	polinezi-ye farānse	پلینزی فرانسه
Portugal (m)	porteqāl	پرتغال

République (f) Dominicaine	jomhuri-ye dominikan	جمهوری دومینیکن
République (f) Sud-africaine	jomhuri-ye āfriqā-ye jonubi	جمهوری آفریقای جنوبی
République (f) Tchèque	jomhuri-ye ček	جمهوری چک
Roumanie (f)	romāni	رومانی
Russie (f)	rusiye	روسیه

Sénégal (m)	senegāl	سنگال
Serbie (f)	serbestān	صربستان
Slovaquie (f)	eslovāki	اسلواکی
Slovénie (f)	eslovoni	اسلوونی
Suède (f)	sued	سوئد
Suisse (f)	suis	سوئیس
Surinam (m)	surinām	سورینام
Syrie (f)	suriye	سوریه

Tadjikistan (m)	tājikestān	تاجیکستان
Taïwan (m)	tāyvān	تایوان
Tanzanie (f)	tānzāniyā	تانزانیا
Tasmanie (f)	tāsmāni	تاسمانی
Thaïlande (f)	tāyland	تایلند
Tunisie (f)	tunes	تونس
Turkménistan (m)	torkamanestān	ترکمنستان
Turquie (f)	torkiye	ترکیه

Ukraine (f)	okrāyn	اوکراین
Uruguay (m)	orogue	اوروگوئه
Vatican (m)	vātikān	واتیکان
Venezuela (f)	venezuelā	ونزوئلا
Vietnam (m)	viyetnām	ویتنام
Zanzibar (m)	zangbār	زنگبار

GLOSSAIRE
GASTRONOMIQUE

Cette section contient
beaucoup de mots associés
à la nourriture. Ce dictionnaire
vous facilitera la tâche
de comprendre le menu
et de commander le bon plat
au restaurant

T&P Books Publishing

Français-Persan glossaire gastronomique

Français	Transcription	فارسی
épi (m)	xuše	خوشه
épice (f)	adviye	ادویه
épinard (m)	esfenāj	اسفناج
œuf (m)	toxm-e morq	تخم مرغ
abricot (m)	zardālu	زردآلو
addition (f)	surat hesāb	صورت حساب
ail (m)	sir	سیر
airelle (f) rouge	tut-e farangi-ye jangali	توت فرنگی جنگلی
amande (f)	bādām	بادام
amanite (f) tue-mouches	qārč-e magas	قارچ مگس
amer (adj)	talx	تلخ
ananas (m)	ānānās	آناناس
anguille (f)	mārmāhi	مارماهی
anis (m)	rāziyāne	رازیانه
apéritif (m)	mašrub-e piš qazā	مشروب پیش غذا
appétit (m)	eštehā	اشتها
arrière-goût (m)	maze	مزه
artichaut (m)	kangar farangi	کنگرفرنگی
asperge (f)	mārčube	مارچوبه
assiette (f)	bošqāb	بشقاب
aubergine (f)	bādenjān	بادنجان
avec de la glace	yax dār	یخ دار
avocat (m)	āvokādo	اووکادو
avoine (f)	jow-e sahrāyi	جو صحرایی
bacon (m)	beykon	بیکن
baie (f)	mive-ye butei	میوهٔ بوته ای
baies (f pl)	mivehā-ye butei	میوه های بوته ای
banane (f)	mowz	موز
bar (m)	bār	بار
barman (m)	motesaddi-ye bār	متصدی بار
basilic (m)	reyhān	ریحان
betterave (f)	čoqondar	چغندر
beurre (m)	kare	کره
bière (f)	ābejow	آبجو
bière (f) blonde	ābejow-ye sabok	آبجوی سبک
bière (f) brune	ābejow-ye tire	آبجوی تیره
biscuit (m)	biskuit	بیسکویت
blé (m)	gandom	گندم
blanc (m) d'œuf	sefide-ye toxm-e morq	سفیده تخم مرغ
boisson (f) non alcoolisée	nušābe-ye bi alkol	نوشابهٔ بی الکل
boissons (f pl) alcoolisées	mašrubāt-e alkoli	مشروبیات الکلی
bolet (m) bai	qārč-e bulet	قارچ بولت

bolet (m) orangé	samāruq	سماروغ
bon (adj)	xoš mazze	خوش مزه
Bon appétit!	nuš-e jān	نوش جان
bonbon (m)	āb nabāt	آب نبات
bouillie (f)	šurbā	شوربا
bouillon (m)	pāye-ye sup	پایه سوپ
brème (f)	māhi-ye sim	ماهی سیم
brochet (m)	ordak māhi	اردک ماهی
brocoli (m)	kalam borokli	کلم بروکلی
cèpe (m)	qārč-e sefid	قارچ سفید
céleri (m)	karafs	کرفس
céréales (f pl)	qallāt	غلات
cacahuète (f)	bādām zamin-i	بادام زمینی
café (m)	qahve	قهوه
café (m) au lait	šir-qahve	شیرقهوه
café (m) noir	qahve-ye talx	قهوهٔ تلخ
café (m) soluble	qahve-ye fowri	قهوه فوری
calamar (m)	māhi-ye morakkab	ماهی مرکب
calorie (f)	kālori	کالری
canard (m)	ordak	اردک
canneberge (f)	nārdānak-e vahši	ناردانک وحشی
cannelle (f)	dārčin	دارچین
cappuccino (m)	kāpočino	کاپوچینو
carotte (f)	havij	هویج
carpe (f)	kapur	کپور
carte (f)	meno	منو
carte (f) des vins	kārt-e šarāb	کارت شراب
cassis (m)	angur-e farangi-ye siyāh	انگور فرنگی سیاه
caviar (m)	xāviār	خاویار
cerise (f)	ālbālu	آلبالو
champagne (m)	šāmpāyn	شامپاین
champignon (m)	qārč	قارچ
champignon (m) comestible	qārč-e xorāki	قارچ خوراکی
champignon (m) vénéneux	qārč-e sammi	قارچ سمی
chaud (adj)	dāq	داغ
chocolat (m)	šokolāt	شکلات
chou (m)	kalam	کلم
chou (m) de Bruxelles	koll-am boruksel	کلم بروکسل
chou-fleur (m)	gol kalam	گل کلم
citron (m)	limu	لیمو
clou (m) de girofle	mixak	میخک
cocktail (m)	kuktel	کوکتل
cocktail (m) au lait	kuktele šir	کوکتل شیر
cognac (m)	konyāk	کنیاک
concombre (m)	xiyār	خیار
condiment (m)	adviye	ادویه
confiserie (f)	širini jāt	شیرینی جات
confiture (f)	morabbā	مربا
confiture (f)	morabbā	مربا
congelé (adj)	yax zade	یخ زده

conserves (f pl)	konserv-hā	کنسرو ها
coriandre (m)	gešniz	گشنیز
courgette (f)	kadu sabz	کدو سبز
couteau (m)	kārd	کارد
crème (f)	saršir	سرشیر
crème (f) aigre	xāme-ye torš	خامۀ ترش
crème (f) au beurre	xāme	خامه
crabe (m)	xarčang	خرچنگ
crevette (f)	meygu	میگو
crustacés (m pl)	saxtpustān	سختپوستان
cuillère (f)	qāšoq	قاشق
cuillère (f) à soupe	qāšoq sup xori	قاشق سوپ خوری
cuisine (f)	qazā	غذا
cuisse (f)	rān xuk	ران خوک
cuit à l'eau (adj)	āb paz	آب پز
cumin (m)	zire	زیره
cure-dent (m)	xelāl-e dandān	خلال دندان
déjeuner (m)	nāhār	ناهار
dîner (m)	šām	شام
datte (f)	xormā	خرما
dessert (m)	deser	دسر
dinde (f)	gušt-e buqalamun	گوشت بوقلمون
du bœuf	gušt-e gāv	گوشت گاو
du mouton	gušt-e gusfand	گوشت گوسفند
du porc	gušt-e xuk	گوشت خوک
du veau	gušt-e gusāle	گوشت گوساله
eau (f)	āb	آب
eau (f) minérale	āb-e ma'dani	آب معدنی
eau (f) potable	āb-e āšāmidani	آب آشامیدنی
en chocolat (adj)	šokolāti	شکلاتی
esturgeon (m)	māhi-ye xāviār	ماهی خاویار
fèves (f pl)	lubiyā	لوبیا
farce (f)	hamberger	همبرگر
farine (f)	ārd	آرد
fenouil (m)	šavid	شوید
feuille (f) de laurier	barg-e bu	برگ بو
figue (f)	anjir	انجیر
flétan (m)	halibut	هالیبوت
flet (m)	sofre māhi	سفره ماهی
foie (m)	jegar	جگر
fourchette (f)	čangāl	چنگال
fraise (f)	tut-e farangi	توت فرنگی
fraise (f) des bois	zoqāl axte	زغال اخته
framboise (f)	tamešk	تمشک
frit (adj)	sorx šode	سرخ شده
froid (adj)	sard	سرد
fromage (m)	panir	پنیر
fruit (m)	mive	میوه
fruits (m pl)	mive jāt	میوه جات
fruits (m pl) de mer	qazā-ye daryāyi	غذای دریایی
fumé (adj)	dudi	دودی
gâteau (m)	nān-e širini	نان شیرینی

gâteau (m)	keyk	کیک
garniture (f)	čāšni	چاشنی
garniture (f)	moxallafāt	مخلفات
gaufre (f)	vāfel	وافل
gazeuse (adj)	gāzdār	گازدار
gibier (m)	gušt-e šekār	گوشت شکار
gin (m)	jin	جین
gingembre (m)	zanjefil	زنجفیل
girolle (f)	qārč-e zard	قارچ زرد
glace (f)	yax	یخ
glace (f)	bastani	بستنی
glucides (m pl)	karbohidrāt-hā	کربو هیدرات ها
goût (m)	maze	مزه
gomme (f) à mâcher	ādāms	آدامس
grains (m pl)	dāne	دانه
grenade (f)	anār	انار
groseille (f) rouge	angur-e farangi-ye sorx	انگور فرنگی سرخ
groseille (f) verte	angur-e farangi	انگور فرنگی
gruau (m)	hobubāt	حبوبات
hamburger (m)	hamberger	همبرگر
hareng (m)	māhi-ye šur	ماهی شور
haricot (m)	lubiyā qermez	لوبیا قرمز
hors-d'œuvre (m)	piš qazā	پیش غذا
huître (f)	sadaf-e xorāki	صدف خوراکی
huile (f) d'olive	rowqan-e zeytun	روغن زیتون
huile (f) de tournesol	rowqan āftābgardān	روغن آفتاب گردان
huile (f) végétale	rowqan-e nabāti	روغن نباتی
jambon (m)	žāmbon	ژامبون
jaune (m) d'œuf	zarde-ye toxm-e morq	زرده تخم مرغ
jus (m)	āb-e mive	آب میوه
jus (m) d'orange	āb-e porteqāl	آب پرتقال
jus (m) de tomate	āb-e gowjefarangi	آب گوجه فرنگی
jus (m) pressé	āb-e mive-ye taze	آب میوهٔ تازه
kiwi (m)	kivi	کیوی
légumes (m pl)	sabzijāt	سبزیجات
lait (m)	šir	شیر
lait (m) condensé	šir-e čegāl	شیر چگال
laitue (f), salade (f)	kāhu	کاهو
langoustine (f)	xarčang-e xārdār	خرچنگ خاردار
langue (f)	zabān	زبان
lapin (m)	xarguš	خرگوش
lentille (f)	adas	عدس
les œufs	toxm-e morq-ha	تخم مرغ ها
les œufs brouillés	nimru	نیمرو
limonade (f)	limunād	لیموناد
lipides (m pl)	čarbi-hā	چربی ها
liqueur (f)	likor	لیکور
mûre (f)	šāh tut	شاه توت
maïs (m)	zorrat	ذرت
maïs (m)	zorrat	ذرت
mandarine (f)	nārengi	نارنگی
mangue (f)	anbe	انبه

maquereau (m)	māhi-ye esqumeri	ماهی اسقومری
margarine (f)	mārgārin	مارگارین
mariné (adj)	torši	ترشی
marmelade (f)	mārmālād	مارمالاد
melon (m)	xarboze	خربزه
merise (f)	gilās	گیلاس
miel (m)	asal	عسل
miette (f)	zarre	ذره
millet (m)	arzan	ارزن
morceau (m)	tekke	تکه
morille (f)	qārč-e morkelā	قارچ مورکلا
morue (f)	māhi-ye rowqan	ماهی روغن
moutarde (f)	xardal	خردل
myrtille (f)	zoqāl axte	زغال اخته
navet (m)	šalqam	شلغم
noisette (f)	fandoq	فندق
noix (f)	gerdu	گردو
noix (f) de coco	nārgil	نارگیل
nouilles (f pl)	rešte-ye farangi	رشته فرنگی
nourriture (f)	qazā	غذا
oie (f)	qāz	غاز
oignon (m)	piyāz	پیاز
olives (f pl)	zeytun	زیتون
omelette (f)	ommol-at	املت
orange (f)	porteqāl	پرتقال
orge (f)	jow	جو
oronge (f) verte	kolāhak-e marg	کلاهک مرگ
ouvre-boîte (m)	dar bāz kon	در بازکن
ouvre-bouteille (m)	dar bāz kon	در بازکن
pâté (m)	pāte	پاته
pâtes (m pl)	mākāroni	ماکارونی
pétales (m pl) de maïs	bereštuk	برشتوک
pétillante (adj)	gāzdār	گازدار
pêche (f)	holu	هلو
pain (m)	nān	نان
pamplemousse (m)	gerip forut	گریپ فوروت
papaye (f)	pāpāyā	پاپایا
paprika (m)	paprika	پاپریکا
pastèque (f)	hendevāne	هندوانه
peau (f)	pust	پوست
perche (f)	māhi-e luti	ماهی لوتی
persil (m)	ja'fari	جعفری
petit déjeuner (m)	sobhāne	صبحانه
petite cuillère (f)	qāšoq čāy xori	قاشق چای خوری
pistaches (f pl)	peste	پسته
pizza (f)	pitzā	پیتزا
plat (m)	qazā	غذا
plate (adj)	bedun-e gāz	بدون گاز
poire (f)	golābi	گلابی
pois (m)	noxod	نخود
poisson (m)	māhi	ماهی
poivre (m) noir	felfel-e siyāh	فلفل سیاه

poivre (m) rouge	felfel-e sorx	فلفل سرخ
poivron (m)	felfel	فلفل
pomme (f)	sib	سیب
pomme (f) de terre	sib zamini	سیب زمینی
portion (f)	pors	پرس
potiron (m)	kadu tanbal	کدو تنبل
poulet (m)	morq	مرغ
pourboire (m)	an'ām	انعام
protéines (f pl)	porotein	پروتئین
prune (f)	ālu	آلو
pudding (m)	puding	پودینگ
purée (f)	pure-ye sibi zamini	پورۀ سیب زمینی
régime (m)	režim	رژیم
radis (m)	torobče	تربچه
rafraîchissement (m)	nušābe-ye xonak	نوشابۀ خنک
raifort (m)	torob-e kuhi	ترب کوهی
raisin (m)	angur	انگور
raisin (m) sec	kešmeš	کشمش
recette (f)	dastur-e poxt	دستور پخت
requin (m)	kuse-ye māhi	کوسه ماهی
rhum (m)	araq-e neyšekar	عرق نیشکر
riz (m)	berenj	برنج
russule (f)	qārč-e tiqe-ye tord	قارچ تیغه ترد
sésame (m)	konjed	کنجد
safran (m)	za'ferān	زعفران
salé (adj)	šur	شور
salade (f)	sālād	سالاد
sandre (f)	suf	سوف
sandwich (m)	sāndevič	ساندویچ
sans alcool	bi alkol	بی الکل
sardine (f)	sārdin	ساردین
sarrasin (m)	gandom-e siyāh	گندم سیاه
sauce (f)	ses	سس
sauce (f) mayonnaise	māyonez	مایونز
saucisse (f)	sosis	سوسیس
saucisson (m)	kālbās	کالباس
saumon (m)	māhi-ye salemon	ماهی سالمون
saumon (m) atlantique	sālmon-e atlāntik	سالمون اتلانتیک
sec (adj)	xošk	خشک
seigle (m)	čāvdār	چاودار
sel (m)	namak	نمک
serveur (m)	pišxedmat	پیشخدمت
serveuse (f)	pišxedmat	پیشخدمت
silure (m)	gorbe-ye māhi	گربه ماهی
soja (m)	sowyā	سویا
soucoupe (f)	na'lbeki	نعلبکی
soupe (f)	sup	سوپ
spaghettis (m pl)	espāgeti	اسپاگتی
steak (m)	esteyk	استیک
sucré (adj)	širin	شیرین
sucre (m)	qand	قند
tarte (f)	širini	شیرینی

tasse (f)	fenjān	فنجان
thé (m)	čāy	چای
thé (m) noir	čāy-e siyāh	چای سیاه
thé (m) vert	čāy-e sabz	چای سبز
thon (m)	tan māhi	تن ماهی
tire-bouchon (m)	dar bāz kon	در بازکن
tomate (f)	gowje farangi	گوجه فرنگی
tranche (f)	qet'e	قطعه
truite (f)	māhi-ye qezelālā	ماهی قزل آلا
végétarien (adj)	giyāh xāri	گیاه خواری
végétarien (m)	giyāh xār	گیاه خوار
verdure (f)	sabzi	سبزی
vermouth (m)	vermut	ورموت
verre (m)	estekān	استکان
verre (m) à vin	gilās-e šarāb	گیلاس شراب
viande (f)	gušt	گوشت
vin (m)	šarāb	شراب
vin (m) blanc	šarāb-e sefid	شراب سفید
vin (m) rouge	šarāb-e sorx	شراب سرخ
vinaigre (m)	serke	سرکه
vitamine (f)	vitāmin	ویتامین
vodka (f)	vodkā	ودکا
whisky (m)	viski	ویسکی
yogourt (m)	mās-at	ماست

Persan-Français glossaire gastronomique

نعلبکی	na'lbeki	soucoupe (f)
استکان	estekān	verre (m)
گیلاس شراب	gilās-e šarāb	verre (m) à vin
گوشت	gušt	viande (f)
مرغ	morq	poulet (m)
اردک	ordak	canard (m)
غاز	qāz	oie (f)
گوشت شکار	gušt-e šekār	gibier (m)
گوشت بوقلمون	gušt-e buqalamun	dinde (f)
گوشت خوک	gušt-e xuk	du porc
گوشت گوساله	gušt-e gusāle	du veau
گوشت گوسفند	gušt-e gusfand	du mouton
گوشت گاو	gušt-e gāv	du bœuf
خرگوش	xarguš	lapin (m)
کالباس	kālbās	saucisson (m)
سوسیس	sosis	saucisse (f)
بیکن	beykon	bacon (m)
ژامبون	žāmbon	jambon (m)
ران خوک	rān xuk	cuisse (f)
پاته	pāte	pâté (m)
جگر	jegar	foie (m)
همبرگر	hamberger	farce (f)
زبان	zabān	langue (f)
تخم مرغ	toxm-e morq	œuf (m)
تخم مرغ ها	toxm-e morq-ha	les œufs
سفیده تخم مرغ	sefide-ye toxm-e morq	blanc (m) d'œuf
زرده تخم مرغ	zarde-ye toxm-e morq	jaune (m) d'œuf
ماهی	māhi	poisson (m)
غذای دریایی	qazā-ye daryāyi	fruits (m pl) de mer
سختپوستان	saxtpustān	crustacés (m pl)
خاویار	xāviār	caviar (m)
خرچنگ	xarčang	crabe (m)
میگو	meygu	crevette (f)
صدف خوراکی	sadaf-e xorāki	huître (f)
خرچنگ خاردار	xarčang-e xārdār	langoustine (f)
ماهی مرکب	māhi-ye morakkab	calamar (m)
ماهی خاویار	māhi-ye xāviār	esturgeon (m)
ماهی سالمون	māhi-ye salemon	saumon (m)
هالیبوت	halibut	flétan (m)
ماهی روغن	māhi-ye rowqan	morue (f)
ماهی اسقومری	māhi-ye esqumeri	maquereau (m)
تن ماهی	tan māhi	thon (m)
مارماهی	mārmāhi	anguille (f)
ماهی قزل آلا	māhi-ye qezelālā	truite (f)

ساردین	sārdin	sardine (f)
اردک ماهی	ordak māhi	brochet (m)
ماهی شور	māhi-ye šur	hareng (m)
نان	nān	pain (m)
پنیر	panir	fromage (m)
قند	qand	sucre (m)
نمک	namak	sel (m)
برنج	berenj	riz (m)
ماکارونی	mākāroni	pâtes (m pl)
رشته فرنگی	rešte-ye farangi	nouilles (f pl)
کره	kare	beurre (m)
روغن نباتی	rowqan-e nabāti	huile (f) végétale
روغن آفتاب گردان	rowqan āftābgardān	huile (f) de tournesol
مارگارین	mārgārin	margarine (f)
زیتون	zeytun	olives (f pl)
روغن زیتون	rowqan-e zeytun	huile (f) d'olive
شیر	šir	lait (m)
شیر چگال	šir-e čegāl	lait (m) condensé
ماست	mās-at	yogourt (m)
خامهٔ ترش	xāme-ye torš	crème (f) aigre
سرشیر	saršir	crème (f)
مایونز	māyonez	sauce (f) mayonnaise
خامه	xāme	crème (f) au beurre
حبوبات	hobubāt	gruau (m)
آرد	ārd	farine (f)
کنسرو ها	konserv-hā	conserves (f pl)
برشتوک	bereštuk	pétales (m pl) de maïs
عسل	asal	miel (m)
مربا	morabbā	confiture (f)
آدامس	ādāms	gomme (f) à mâcher
آب	āb	eau (f)
آب آشامیدنی	āb-e āšāmidani	eau (f) potable
آب معدنی	āb-e ma'dani	eau (f) minérale
بدون گاز	bedun-e gāz	plate (adj)
گازدار	gāzdār	gazeuse (adj)
گازدار	gāzdār	pétillante (adj)
یخ	yax	glace (f)
یخ دار	yax dār	avec de la glace
بی الکل	bi alkol	sans alcool
نوشابهٔ بی الکل	nušābe-ye bi alkol	boisson (f) non alcoolisée
نوشابهٔ خنک	nušābe-ye xonak	rafraîchissement (m)
لیموناد	limunād	limonade (f)
مشروبات الکلی	mašrubāt-e alkoli	boissons (f pl) alcoolisées
شراب	šarāb	vin (m)
شراب سفید	šarāb-e sefid	vin (m) blanc
شراب سرخ	šarāb-e sorx	vin (m) rouge
لیکور	likor	liqueur (f)
شامپاین	šāmpāyn	champagne (m)
ورموت	vermut	vermouth (m)
ویسکی	viski	whisky (m)

ودكا	vodkā	vodka (f)
جين	jin	gin (m)
كنياك	konyāk	cognac (m)
عرق نيشكر	araq-e neyšekar	rhum (m)
قهوه	qahve	café (m)
قهوۀ تلخ	qahve-ye talx	café (m) noir
شیرقهوه	šir-qahve	café (m) au lait
کاپوچینو	kāpočino	cappuccino (m)
قهوه فوری	qahve-ye fowri	café (m) soluble
کوکتل	kuktel	cocktail (m)
کوکتل شیر	kuktele šir	cocktail (m) au lait
آب میوه	āb-e mive	jus (m)
آب گوجه فرنگی	āb-e gowjefarangi	jus (m) de tomate
آب پرتقال	āb-e porteqāl	jus (m) d'orange
آب میوۀ تازه	āb-e mive-ye taze	jus (m) pressé
آبجو	ābejow	bière (f)
آبجوی سبک	ābejow-ye sabok	bière (f) blonde
آبجوی تیره	ābejow-ye tire	bière (f) brune
چای	čāy	thé (m)
چای سیاه	čāy-e siyāh	thé (m) noir
چای سبز	čāy-e sabz	thé (m) vert
سبزیجات	sabzijāt	légumes (m pl)
سبزی	sabzi	verdure (f)
گوجه فرنگی	gowje farangi	tomate (f)
خیار	xiyār	concombre (m)
هویج	havij	carotte (f)
سیب زمینی	sib zamini	pomme (f) de terre
پیاز	piyāz	oignon (m)
سیر	sir	ail (m)
کلم	kalam	chou (m)
گل کلم	gol kalam	chou-fleur (m)
کلم بروکسل	koll-am boruksel	chou (m) de Bruxelles
کلم بروکلی	kalam borokli	brocoli (m)
چغندر	čoqondar	betterave (f)
بادنجان	bādenjān	aubergine (f)
کدو سبز	kadu sabz	courgette (f)
کدو تنبل	kadu tanbal	potiron (m)
شلغم	šalqam	navet (m)
جعفری	ja'fari	persil (m)
شوید	šavid	fenouil (m)
کاهو	kāhu	laitue (f), salade (f)
کرفس	karafs	céleri (m)
مارچوبه	mārčube	asperge (f)
اسفناج	esfenāj	épinard (m)
نخود	noxod	pois (m)
لوبیا	lubiyā	fèves (f pl)
ذرت	zorrat	maïs (m)
لوبیا قرمز	lubiyā qermez	haricot (m)
فلفل	felfel	poivron (m)
تربچه	torobče	radis (m)
کنگرفرنگی	kangar farangi	artichaut (m)
میوه	mive	fruit (m)

سیب	sib	pomme (f)
گلابی	golābi	poire (f)
لیمو	limu	citron (m)
پرتقال	porteqāl	orange (f)
توت فرنگی	tut-e farangi	fraise (f)
نارنگی	nārengi	mandarine (f)
آلو	ālu	prune (f)
هلو	holu	pêche (f)
زردآلو	zardālu	abricot (m)
تمشک	tamešk	framboise (f)
آناناس	ānānās	ananas (m)
موز	mowz	banane (f)
هندوانه	hendevāne	pastèque (f)
انگور	angur	raisin (m)
آلبالو	ālbālu	cerise (f)
گیلاس	gilās	merise (f)
خربزه	xarboze	melon (m)
گریپ فوروت	gerip forut	pamplemousse (m)
اووکادو	āvokādo	avocat (m)
پاپایا	pāpāyā	papaye (f)
انبه	anbe	mangue (f)
انار	anār	grenade (f)
انگور فرنگی سرخ	angur-e farangi-ye sorx	groseille (f) rouge
انگور فرنگی سیاه	angur-e farangi-ye siyāh	cassis (m)
انگور فرنگی	angur-e farangi	groseille (f) verte
زغال اخته	zoqāl axte	myrtille (f)
شاه توت	šāh tut	mûre (f)
کشمش	kešmeš	raisin (m) sec
انجیر	anjir	figue (f)
خرما	xormā	datte (f)
بادام زمینی	bādām zamin-i	cacahuète (f)
بادام	bādām	amande (f)
گردو	gerdu	noix (f)
فندق	fandoq	noisette (f)
نارگیل	nārgil	noix (f) de coco
پسته	peste	pistaches (f pl)
شیرینی جات	širini jāt	confiserie (f)
بیسکویت	biskuit	biscuit (m)
شکلات	šokolāt	chocolat (m)
شکلاتی	šokolāti	en chocolat (adj)
آب نبات	āb nabāt	bonbon (m)
نان شیرینی	nān-e širini	gâteau (m)
شیرینی	širini	tarte (f)
کیک	keyk	gâteau (m)
چاشنی	čāšni	garniture (f)
مربا	morabbā	confiture (f)
مارمالاد	mārmālād	marmelade (f)
وافل	vāfel	gaufre (f)
بستنی	bastani	glace (f)
پودینگ	puding	pudding (m)
غذا	qazā	plat (m)
غذا	qazā	cuisine (f)

دستور پخت	dastur-e poxt	recette (f)
پرس	pors	portion (f)
سالاد	sālād	salade (f)
سوپ	sup	soupe (f)
پایه سوپ	pāye-ye sup	bouillon (m)
ساندویچ	sāndevič	sandwich (m)
نیمرو	nimru	les œufs brouillés
همبرگر	hamberger	hamburger (m)
استیک	esteyk	steak (m)
مخلفات	moxallafāt	garniture (f)
اسپاگتی	espāgeti	spaghettis (m pl)
پورهٔ سیب زمینی	pure-ye sibi zamini	purée (f)
پیتزا	pitzā	pizza (f)
شوربا	šurbā	bouillie (f)
املت	ommol-at	omelette (f)
آب پز	āb paz	cuit à l'eau (adj)
دودی	dudi	fumé (adj)
سرخ شده	sorx šode	frit (adj)
خشک	xošk	sec (adj)
یخ زده	yax zade	congelé (adj)
ترشی	torši	mariné (adj)
شیرین	širin	sucré (adj)
شور	šur	salé (adj)
سرد	sard	froid (adj)
داغ	dāq	chaud (adj)
تلخ	talx	amer (adj)
خوش مزه	xoš mazze	bon (adj)
پوست	pust	peau (f)
فلفل سیاه	felfel-e siyāh	poivre (m) noir
فلفل سرخ	felfel-e sorx	poivre (m) rouge
خردل	xardal	moutarde (f)
ترب کوهی	torob-e kuhi	raifort (m)
ادویه	adviye	condiment (m)
ادویه	adviye	épice (f)
سس	ses	sauce (f)
سرکه	serke	vinaigre (m)
رازیانه	rāziyāne	anis (m)
ریحان	reyhān	basilic (m)
میخک	mixak	clou (m) de girofle
زنجفیل	zanjefil	gingembre (m)
گشنیز	gešniz	coriandre (m)
دارچین	dārčin	cannelle (f)
کنجد	konjed	sésame (m)
برگ بو	barg-e bu	feuille (f) de laurier
پاپریکا	paprika	paprika (m)
زیره	zire	cumin (m)
زعفران	za'ferān	safran (m)
غذا	qazā	nourriture (f)
صبحانه	sobhāne	petit déjeuner (m)
ناهار	nāhār	déjeuner (m)
شام	šām	dîner (m)
اشتها	eštehā	appétit (m)

نوش جان	nuš-e jān	Bon appétit!
مزه	maze	goût (m)
مزه	maze	arrière-goût (m)
رژیم	režim	régime (m)
ویتامین	vitāmin	vitamine (f)
کالری	kālori	calorie (f)
گیاه خوار	giyāh xār	végétarien (m)
گیاه خواری	giyāh xāri	végétarien (adj)
چربی ها	čarbi-hā	lipides (m pl)
پروتئین	porotein	protéines (f pl)
کربو هیدرات ها	karbohidrāt-hā	glucides (m pl)
قطعه	qeťe	tranche (f)
تکه	tekke	morceau (m)
ذره	zarre	miette (f)
قاشق	qāšoq	cuillère (f)
کارد	kārd	couteau (m)
چنگال	čangāl	fourchette (f)
فنجان	fenjān	tasse (f)
بشقاب	bošqāb	assiette (f)
خلال دندان	xelāl-e dandān	cure-dent (m)
بار	bār	bar (m)
پیشخدمت	pišxedmat	serveur (m)
پیشخدمت	pišxedmat	serveuse (f)
متصدی بار	motesaddi-ye bār	barman (m)
منو	meno	carte (f)
کارت شراب	kārt-e šarāb	carte (f) des vins
مشروب پیش غذا	mašrub-e piš qazā	apéritif (m)
پیش غذا	piš qazā	hors-d'œuvre (m)
دسر	deser	dessert (m)
صورت حساب	surat hesāb	addition (f)
انعام	an'ām	pourboire (m)
قاشق چای خوری	qāšoq čāy xori	petite cuillère (f)
قاشق سوپ خوری	qāšoq sup xori	cuillère (f) à soupe
در بازکن	dar bāz kon	ouvre-bouteille (m)
در بازکن	dar bāz kon	ouvre-boîte (m)
در بازکن	dar bāz kon	tire-bouchon (m)
ماهی سیم	māhi-ye sim	brème (f)
کپور	kapur	carpe (f)
ماهی لوتی	māhi-e luti	perche (f)
گربه ماهی	gorbe-ye māhi	silure (m)
سالمون اتلانتیک	sālmon-e atlāntik	saumon (m) atlantique
سفره ماهی	sofre māhi	flet (m)
سوف	suf	sandre (f)
کوسه ماهی	kuse-ye māhi	requin (m)
قارچ	qārč	champignon (m)
قارچ خوراکی	qārč-e xorāki	champignon (m) comestible
قارچ سمی	qārč-e sammi	champignon (m) vénéneux
قارچ سفید	qārč-e sefid	cèpe (m)
سماروغ	samāruq	bolet (m) orangé
قارچ زرد	qārč-e zard	girolle (f)

قارچ تیغه ترد	qārč-e tiqe-ye tord	russule (f)
قارچ مورکلا	qārč-e morkelā	morille (f)
قارچ مگس	qārč-e magas	amanite (f) tue-mouches
کلاهک مرگ	kolāhak-e marg	oronge (f) verte
ناردانک وحشی	nārdānak-e vahši	canneberge (f)
کیوی	kivi	kiwi (m)
میوۀ بوته ای	mive-ye butei	baie (f)
میوه های بوته ای	mivehā-ye butei	baies (f pl)
توت فرنگی جنگلی	tut-e farangi-ye jangali	airelle (f) rouge
زغال اخته	zoqāl axte	fraise (f) des bois
دانه	dāne	grains (m pl)
غلات	qallāt	céréales (f pl)
خوشه	xuše	épi (m)
گندم	gandom	blé (m)
چاودار	čāvdār	seigle (m)
جو صحرایی	jow-e sahrāyi	avoine (f)
ارزن	arzan	millet (m)
جو	jow	orge (f)
ذرت	zorrat	maïs (m)
گندم سیاه	gandom-e siyāh	sarrasin (m)
سویا	sowyā	soja (m)
عدس	adas	lentille (f)
قارچ بولت	qārč-e bulet	bolet (m) bai
میوه جات	mive jāt	fruits (m pl)